Sigrid Tinz

Friede den Maulwürfen!

Gedruckt auf
100% Recyclingpapier

Sigrid Tinz

Friede den Maulwürfen!

Bösewichte und Plagen im Garten – und wie wir mit ihnen klarkommen

illustriert von
Margret Schneevoigt

pala verlag

Inhalt

Die Bösen mal ganz privat 7
Warum es dieses Buch gibt und wieso es diesen überraschenden Titel trägt

Plagen und Bösewichter – vom Allgemeinen zu den Details 15
Warum dieses Buch nicht als schneller Problemlöser gegen Allesfresser und Blutsauger funktioniert, aber gerade deshalb das Gärtnerleben leichter macht

Über Schnecken, Raupen und andere hungrige Gesellen 21
Warum die Natur keine Schädlinge und kein Unkraut kennt und wir Menschen aber trotzdem nicht alles hinnehmen müssen, sollen, dürfen

Über wühlende Vandalen und Gartenrabauken 37
Warum die Unruhestifter trotz nervigen Verhaltens auch gute Eigenschaften haben

Über Neozoen und andere weit gereiste Neubürger 55
Wie sich Begrifflichkeiten verselbstständigen und warum Panikmache neue Probleme macht, statt Lösungen zu bringen

Über Giersch, Ackerschachtelhalm und anderes ungeliebtes Grünzeug 67
Wie Pflanzen unermüdlich Biomasse produzieren und warum sie für den ökologischen Kreislauf so wichtig sind

Über Nesseln, Disteln und andere wehrhafte Pflanzenwesen 79
Wovor sich diese Pflanzen eigentlich schützen und warum wir einiges von ihnen lernen können

Über Mücken und Milben, Blutsauger und Juckreizauslöser 91
Warum sie nicht aus Boshaftigkeit stechen und warum sie aus Sicht der Evolution wichtig sind

Über Ameisen und andere massenhaft krabbelnde und schwirrende Tiere 101
Warum massenhaft auftauchende Tiere Urängste hervorrufen, aber selten wirklich schlimme Schäden verursachen

Über Algen, Moos und Flechten oder anderen ungeliebten Bewuchs 109
Warum all diese Geschöpfe unseren Ordnungssinn stören, aber keinerlei Schaden anrichten

Über Hornissen, Maden und noch mehr Horrorgestalten 119
Warum die gruseligsten Geschichten oft aufgebauschte Klischees über wundervolle, harmlose Wesen sind

Über Ratten, Tauben, Zecken und andere wirklich Böse 131
Warum wir mit kühlem Kopf und klaren Fakten besser mit ihnen klarkommen als mit Hass, Angst und Gewalt

Resümee 147
Wir schauen zurück auf zehn typische Konflikte, die es zwischen uns Gärtnernden und unseren Mitbewohnern, Pflanzen und tierischen Besuchern, gibt – und nach vorne in eine friedliche Gartenzukunft

Die Autorin 150

Glossar 151
Ein paar gängige Begriffe, von denen wir die meisten wegen unserer friedlichen Absichten im Buch möglichst wenig verwendet haben

Liste der Bösewichte und Plagen 155

Zum Weiterlesen 157

Die Bösen mal ganz privat

Warum es dieses Buch gibt und wieso es diesen überraschenden Titel trägt

»Friede den Maulwürfen«, ein abgewandeltes Zitat nach Georg Büchners: »Friede den Hütten, Krieg den Palästen«. Er hat diese Parole wiederum von den französischen Revolutionären übernommen. Büchner hatte zwar mit Gärten und Gärtnern nicht wirklich etwas im Sinn, war aber tatsächlich nicht nur Revolutionär des 19. Jahrhunderts, sondern auch Naturwissenschaftler. Insofern passt er als Patron für dieses Buch – auch weil er sich so eindeutig an die Seite derer gestellt hat, die Unterstützung nötig haben. Und er würde es heute sicherlich wieder tun.

Nun könnte man einwenden, dass es ja wohl eher die von Maulwürfen und ihren Haufen geplagten Gärtner und Gärtnerinnen sind, die Unterstützung nötig haben. Oder, wenn man sich mit den Maulwürfen doch noch irgendwie arrangiert, schließlich stehen sie unter Naturschutz, dass Giersch und Quecken, Zecken und Eichenprozessionsspinner, Wühlmäuse und Wespen doch nun wirklich niemanden an ihrer Seite brauchen. Die Antwort darauf ist ein klares: doch. Auch sie haben es nötig, respektiert zu werden.

Die Tiere und Pflanzen selbst würden dem ganz klar zustimmen. Wem der Mensch mit Hass und Vernichtungswillen begegnet und wer einfach nur seiner puren Existenz wegen getötet wird, findet Schutz sicherlich dringend notwendig.

Sie haben auch deshalb Respekt verdient, weil sie alle Bestandteile der Natur und der Artenvielfalt sind. Dabei geht es nicht um die einzelne Art, den Maulwurf und die Mücke, sondern um das große Ganze, dass die einzelnen Arten zusammen bilden, das Rad des Lebens, das aus vielen, vielen einzelnen kleinen Rädchen zusammengesetzt ist. Geht eins oder gehen mehrere kaputt, kann alles zusammenbrechen. Welches das entscheidende Rädchen ist, weiß niemand. Vielleicht sind es gerade die Mücken? Oder die lästigen Algen auf der Terrasse? Oder auch der Marder, die Ratte, das Kaninchen oder ein anderes Tier an der Spitze der sogenannten Nahrungskette, die allerdings eher ein Netz ist. Löst sich ein Faden, geht ein Knoten kaputt, kann alles zusammenfallen. Beutegreifer fressen ja beispielsweise nicht willkürlich alles, sondern oft alte, schwache oder kranke Tiere. Fehlen sie, können sich ihre Beutetiere übermäßig vermehren, so lange, bis sie sich selbst die Nahrungsgrundlage weggefressen haben.

Vor allem Tiere, ohne die es unserer Meinung nach auf Erden doch viel besser wäre, haben Beistand besonders nötig, weil eben dieser Gedanke dazu führt, dass wir Menschen sie möglichst komplett vernichten möchten. Mit einer Gründlichkeit und leichtfertig eingesetzten Mitteln, die noch viele andere unbeteiligte Arten und deren Lebensräume vernichten. Warum das planlos ist, lässt sich am Beispiel der Blattläuse anschaulich zeigen.

Ja, es gibt viele und in manchen Jahren auch sehr viele. Wenn dann noch die Marienkäfer und Vögel spät aus den Startlöchern kommen, sind es auch mal sehr, sehr viele. Wer zu diesem Zeitpunkt die Blattläuse vernichtet, nimmt den Marienkäfern, wenn sie endlich da sind, die Nahrung. Und auch den Florfliegen, Vögeln, Ohrenkneifern und vielen anderen Tieren, deren Leben eng mit dem der Blattläuse verbunden ist. Das heißt, im nächsten Jahr gibt es weniger Käfer oder Florfliegen – und noch mehr Blattläuse. Normalerweise schaden Blattläuse, auch sehr viele Blattläuse, den Pflanzen nicht. Wenn sie aber kein Vogel und kein Käfer am Vermehren, Saugen und Fressen hindern, nehmen sie überhand und zerstören sich vielleicht wirklich ihre eigene Nahrungsgrundlage. Im Extremfall sind irgendwann die Pflanzen tot, weil die Käfer tot sind, die die Blattläuse in Schach halten – weil Gift gegen Blattläuse gespritzt wurde.

Die Natur ist ein solch dynamisches System, dass es schlecht vorherzusagen ist, welche Folgen das gärtnerische Handeln hat. Sinnvoll ist es deshalb, möglichst wenig und behutsam in diese unsichtbare und riesi-

Andere Tiere, andere Schäden

Bei uns gibt es viele Pflanzen, die sich auf rabiate Fresser eingestellt haben, wie Kaninchen, Ziegen, Rehe oder Schafe. Das Gänseblümchen zum Beispiel, ihm können die Tiere die Blüten und Blätter abrupfen, ohne dass es seine Lebenskraft verliert. Die Blattrosette, aus der beständig Blüten und Blättchen nachwachsen, duckt sich so eng an den Boden, dass die Zähne sie nicht erreichen können. Rasenmäher übrigens auch nicht. Ziegen, Kaninchen und Co. können eine Blumenwiese nicht kahl und kaputt fressen, weil die Pflanzen auf Beweidung eingestellt sind und wieder nachwachsen können. Anderswo auf der Welt haben viele Pflanzen diese Lebensweise nicht nötig gehabt, weil es keine großen und rabiaten Pflanzenfresser gab. Nun sind aber Kaninchen oder Ziegen mit den Menschen bei der Entdeckung der Welt mitgereist und haben dort großmäulig ganze Landstriche kahl gefressen, so kahl, dass dort für andere Tiere nichts mehr wächst. Kaninchen in Australien zum Beispiel oder Ziegen auf den Galapagos-Inseln. Auch Nordamerika ist erst seit ein paar Jahrhunderten die karge Prärie, die wir als typische Cowboyfilmkulisse kennen. Einstmals waren es weite Grasländer, bis die ersten und immer mehr europäische Siedler kamen und mit ihnen Pferde. Diese verwilderten, zogen in Herden umher, zertrampelten den Boden und fraßen Pflanzen ab, die das so nicht gewohnt waren. Auch nicht von den Bisonherden, die während der Eiszeit über eine Landbrücke aus Asien nach Nordamerika gekommen waren und seitdem zu Millionen über die Ebenen zogen: gemächlich wandernd, genügsam weidend und wiederkäuend – und mit ihren Ausscheidungen den Boden düngten und Pflanzensamen verbreiteten. Viele Millionen Tiere. Heute gibt es noch einige Tausende. Die Ureinwohner mit Pfeil und Bogen und Raubtiere wie Wölfe waren lange keine wirklichen Feinde für die riesigen Tiere; erst die mit den Siedlern eingeführten Feuerwaffen machte es möglich, sie massenhaft zu töten.

ge Maschinerie, die sich Nahrungskette oder Nahrungsnetz nennt, einzugreifen. Klar, ein dynamisches System spielt sich irgendwann wieder ein, das klappte auch nach großen Katastrophen wie dem Meteoriteneinschlag oder nach jeder Eiszeit. Mit neuen Arten, neuen Netzen und Ketten. So sind die Dinosaurier verschwunden. Und so verschwindet vielleicht auch der Mensch. Deshalb ein letztes Argument: Maulwurf, Wespe und Löwenzahn und alle anderen haben Beistand nötig, weil wir ihn nötig haben. Das ist die hochaktuelle und wichtigste Botschaft dieses Buches.

Die Idee zum Buch entstand so: In meiner Arbeit und in meinem Leben befasse ich mich viel damit, wie jeder und jede im privaten Alltag einvernehmlich mit der Natur leben kann, auch und gerade im Garten. Ist dieser doch trotz Besitzurkunde und Zaun von der Ewigkeit nur geliehen und wie ein magisches Zwischending zwischen der menschlichen Welt und der Natur. Den Garten sich selbst oder eben der Natur zu überlassen, dafür ist er aber durchschnittlich meistens zu klein, um ein dynamisches Gleichgewicht zu finden. Und außerdem ist der Garten so etwas wie ein weiteres Zimmer des Hauses und wir wollen auch darin leben, nicht nur Blattläuse, Käfer und Maulwürfe. Das heißt, wir müssen unser kleines Stück Natur gestalten. Das ist unser Recht als Gärtnernde.

Unsere Pflicht – finde ich – ist es, das so naturverträglich wie möglich zu tun: Lebensraum schaffen für uns und für möglichst viele andere. Viele Pflanzen und Tiere kommen von alleine oder nehmen fast jeden Lebensraum an. Lebenstüchtige Lebewesen wie Disteln, Giersch und Schnecken, Maulwürfe oder Wühlmäuse, die nerven können, aber vielleicht auch einfach mal von einer anderen Seite kennengelernt werden wollen. So nach dem Motto: »Eigentlich sind wir ganz anders, wir kommen nur so selten dazu.« Und über all diese wollte ich ein Buch schreiben.

Was ich feststellen musste, war, dass es aber die naturfreundlich Gärtnernden sind, die manchmal ganz anders sind. Auf das Thema an-

Auch die Guten sind privat ganz anders

Auch die »Guten« haben unangenehme Seiten. All die nützlichen, schönen Lieblingstiere und Pflanzen sind genauso wenig durch und durch Sympathieträger, wie die Bösen durch und durch böse sind. Eichhörnchen räumen Vogelnester aus und zerstören die Brut, Vögel fressen Raupen in Massen und töten so manchen wunderschönen Schmetterling, bevor er einer werden kann. Marienkäfer sind fliegende Killer, die so skrupellos sind, sogar während des Geschlechtsakts weiter an ihrer Beute herumzukauen. Wenn ich das hier im Buch ab und zu erwähne, dann nicht, um diese auch in Misskredit zu bringen, sondern um bei den Fakten zu bleiben. Und um zu zeigen, dass es Schwarz-Weiß in der Natur nicht gibt und sie gerade deswegen so wundervoll und bunt ist.

gesprochen, kamen Reaktionen in der Bandbreite von Augenrollen, Kopfschütteln, Besorgnis und Unverständnis bis zu martialischen und aggressiven Vorschlägen. Auch sanften Ökogärtnern, die maximal mit Pflanzenbrühen gegen Blattläuse vorgehen und Giersch aufessen, statt ihn wegspritzen, verrutschen der Ton und das Vokabular auf Stammtischniveau, wenn es um Asiatische Marienkäfer und Indisches Springkraut geht. Von »ausmerzen« und »ausrotten« ist da die Rede und »dass nur ein totes Springkraut ein gutes Springkraut ist«; gegen »Heerscharen« von Blattläusen sollen die Ohrenkneifer in »Stellung gebracht werden« bis »Schützenhilfe aus der Luft von den Marienkäfern kommt«. Und ich habe tatsächlich vom Krieg gehört und gelesen, den der Gärtner gegen diese Pflanzen oder jenes Tier führen müsse, dürfe, könne, werde. Und ein guter Freund von mir redete tagelang nicht mit mir, weil ich sein Lieblingstier, den Wolf, für den er sich sehr engagiert und differenziert einsetzt, mit der Ratte verglich: schlau, scheu, gehasst, überall auf der Welt verbreitet. »Bei Ratten hört doch wohl wirklich der Spaß auf«, so seine empörte Reaktion.

Meine Erkenntnis: Mythen, Klischees und das Wissen, wie es früher war, mit einem kargen Acker die Familie zu ernähren, stecken offensichtlich noch so tief im Unterbewusstsein, dass diese Ansichten als allseits akzeptierte Tatsachen gehandelt werden. Steht es doch schon in der Bibel, im Alten Testament, dass den Menschen ein Acker voller Dornen und Disteln auferlegt wird, als lebenslange Aufgabe, dazwischen sein täglich' Brot anzubauen. Als Gegenbild zum friedlichen Paradies als Garten Eden, mit dem es nach der Sache mit Adam, Eva, der Schlange und dem Apfel vorbei war, nach dem sich die Menschheit aber offensichtlich sehnt. Ein Paradies, das sie sich wieder zu erschaffen versucht und dabei jedes Mittel für erlaubt hält, eben wie im Krieg.

Schaut man etwas tiefer und zeitgemäßer in die menschliche und gärtnerische Psyche, dann haben solche Glaubenssätze die Funktion eines Geländers oder Kompasses, die über die Abgründe von Chaos und

Der Spatzenkrieg

Mitte des vergangenen Jahrhunderts beschloss der chinesische Diktator Mao Tsetung, die Sperlinge in seinem Land auszurotten, er war der Meinung, sie würden seiner Bevölkerung das Getreide wegfressen. Alle mussten mithelfen: Nester wurden geplündert, Vögel verjagt, erschlagen und erschossen. Bis kaum noch einer lebte. Mao war nicht der Erste, der auf diese Idee kam. Überliefert ist auch von Friedrich dem Großen, dass der ein Kopfgeld auf Sperlinge aussetzte, um sie auf seinen königlichen Feldern loszuwerden. Weil Spatzen aber auch viele Insekten fressen und weniger Getreide, breiteten sich die Krabbeltiere unverhältnismäßig aus. Nirgendwo waren die Auswirkungen schlimmer als in China. Dort waren es besonders die Heuschrecken, die sich maximal vermehrten und Feld um Feld die Getreideernte vernichteten. Viele Millionen Chinesen sind damals verhungert. Als der Zusammenhang klar war, ließ man Spatzen aus der Sowjetunion importieren. Mittlerweile ist der Spatz wieder heimisch, aber die Bestände sind längst noch nicht so groß, wie sie mal waren.

Urängsten führen sollen. Wenn schon kein Paradies, dann immerhin Kontrolle und Sicherheit. Früher halfen dabei vor allem Tabus, Gebete und Rituale, im Garten der Neuzeit nutzen wir Insektengift, Laubsauger und Schotter. Das Geländer loszulassen und einen Teil der Kontrolle aufzugeben, macht Angst, ins Chaos zu stürzen und von der Wildnis verschlungen zu werden.

Ich bin nun weder Philosophin noch Psychologin, aber das ist das Ergebnis, das sich aus Gesprächen und Recherchen ergeben hat. Es hilft mir, eine plausible Erklärung für das irrationale Verhalten zu finden, das Gärtnernde in ihrem kleinen Stück vom Paradies beständig Krieg führen lässt: literweise Gift verspritzen, um es von Moos und Blattläusen zu befreien, es in einen Hochsicherheitstrakt verwandeln und ständig auf der Lauer liegen, was als Nächstes kommen könnte, um es auszureißen oder zu vernichten – statt die üppig lebende Natur um sich herum zu genießen und möglichst in Frieden mit allen zu leben.

Ich bin Naturwissenschaftlerin und ein aufgeklärter Mensch, der sich an Fakten orientiert, auch wenn ich mir Käfer über die Hand laufen lasse und meine Taubenfrau, die über der Haustür in der Rose brütet, Mimi getauft habe. Deshalb finde ich Wissen so wichtig. Nicht nur Faktenwissen, auch wenn das immens hilfreich ist, um zu unterscheiden, was stimmt und was nicht. Ich möchte auch wissen, wie das menschliche Gehirn funktioniert, zum Beispiel frage ich mich oft, warum es alte Mythen für wahr hält und neue Fakten nicht. Dazu ein weiterer Erklärungsversuch: Das Gehirn arbeitet höchst effizient. Früher war Nahrung und damit die Energie meist knapp, das Gehirn braucht aber viel Energie zum Denken. Wenn das Gehirn in den meisten Fällen automatisiert arbeitet und nicht alles dreht, wendet und hinterfragt, kommt sein Mensch besser durchs Leben und hat mehr Energie für andere Dinge übrig. So kann ich mir die oft sehr einseitige Sicht auf die Welt erklären. Schublade auf, Gedanke rein: Ameise gesehen, krabbelnde Gefahr, drauftreten. Dazu kommen noch Emotionen, ein bisschen Sensationslust und Fantasie und schnell wird aus einer Kleinigkeit ein Mega-Drama, über das alle reden: Fremde Giftraupe schießt mit Haarpfeilen von deutschen Eichen, Lebensgefahr!

Diese Gefühle und Gedanken zu haben, kann man nicht abstellen, aber sich nicht davon leiten zu lassen, das geht. Mit Wissen kann man Urängste erkennen und besänftigen, weil man Argumente dagegen hat. Auch sich selbst gegenüber. Indem man reflektiert darüber nachdenkt oder, bildlich

Nahrungskette oder Nahrungsnetz

Mit »Nahrungskette« beschreiben Biologen den Umstand, dass Lebewesen ernährungsmäßig voneinander abhängig sind. Schematisch betrachtet, steht am Anfang eine Pflanze, die von einem Pflanzenfresser gefressen wird, der von einem Fleischfresser gefressen wird, und der dann wieder von einem größeren Beutegreifer. Dieses Schema entspricht nicht der Realität, denn meistens frisst ein Pflanzenfresser mehrere Pflanzen und es gibt auch Allesfresser, die Pflanzen und Tiere fressen. Zeichnet man das auf, beispielsweise all die Lebewesen in einem Garten, und zeichnet die Verbindungen ein, dann sieht das Ganze eher aus wie ein Netz. Außerdem gibt es ja auch noch die Destruenten, die dann wieder die toten Raubtiere, aber auch alle anderen organischen Substanzen fressen und in den Nährstoffkreislauf zurückführen. Deshalb stellen Nahrungsnetze die komplexen Zusammenhänge im ökologischen System viel besser dar.

gesprochen, diese verhuschte Urangst von der Schulter nimmt, ihr ins Gesicht schaut und sagt: »Du meinst also, es passiert etwas Schlimmes, wenn eine Spinne auf meiner Gartenliege hockt, dann kann ich verstehen, dass Du Alarm schlägst.« Zu sich selber kann man sagen: »Gut möglich, dass sie wieder übertreibt, sie sieht ja immer nur das Schlimmste und als sie klein war, wusste sie noch nicht, dass Spinnen ganz harmlos sind.« Und dann kann ich entscheiden, Spinne Spinne sein zu lassen oder wegzujagen. Sie töten, um eine Gefahr abzuwehren, die nicht vorhanden ist, oder um meine Angst davor zu kompensieren, muss ich dann aber nicht.

Wissen ist auch Macht. Denn die Urängste sind ja nicht ganz aus der Luft gegriffen. Die Natur will uns nichts Böses, aber sie ist auch kein Paradies oder wie man heute sagen würde: Das Leben ist kein Ponyhof. Manches Tier-, Pflanzen- oder Pilzwesen ist eine Gefahr für den Menschen. Es gibt Konflikte. Nur weil eine Ratte nicht aus Boshaftigkeit an unsere Vorräte geht, Mücken unser Blut nicht aus Mordgier anzapfen und die Brennnessel uns ihr Gift nicht aus Gehässigkeit unter die Haut spritzt, heißt es nicht, dass wir es nicht gerne verhindern würden.

Es besteht ganz nüchtern gesagt an manchen Stellen ein Interessenskonflikt. Da wir genauso Kinder des Universums sind, dürfen und müssen wir an manchen Stellen Grenzen setzen und uns informieren, wie das am besten funktioniert. Wer beispielsweise weiß, wie sich Giersch vermehrt und woher er seine Stärke bezieht, weiß, wann er am besten eingreifen kann. Wer weiß, in welchem Moment er aufpassen muss, tötet nicht wahllos und grundlos, sondern schützt sich selbst. Man passt gut auf sich und die Seinen auf und ist gut zu den anderen. Leben und leben lassen.

Wissen gibt die Macht, sie so zu nutzen, dass man »auf der hellen Seite« steht. Und es hilft, in Frieden zu leben. Je naturnäher und lebensvoller ein Garten ist, desto friedlicher ist er. Leben und leben lassen heißt zwar auch oft fressen und gefressen werden. Aber diese Drecksarbeiten muss dann nicht der Gärtnernde erledigen, das macht das Nahrungsnetz ganz von allein. Maulwürfe und Wühlmäuse, Marder und Vögel, Ameisen und Ohrenkneifer. Friede den Maulwürfen heißt deshalb: Frieden im Garten. Und vor allem Frieden für uns Gärtnernde. Und dann kommen wir dem Paradies schon ein bisschen näher.

Plagen und Bösewichter – vom Allgemeinen zu den Details

Warum dieses Buch nicht als schneller Problemlöser gegen Allesfresser und Blutsauger funktioniert, aber gerade deshalb das Gärtnerleben leichter macht

Plagen und Bösewichter, so haben wir die Protagonisten dieses Buches im Untertitel benannt. Es ist ein Versuch, Begriffe wie Unkraut, Ungeziefer, Schädlinge, Wildwuchs oder Dreck zu vermeiden, genauso aber auch die positiven Gegenbegriffe: Wildkraut, Beikraut, Nützling. Weil beides den anthropozentrischen Standpunkt zementiert: zu entscheiden, was gut, wertvoll und richtig ist und was und wer nicht. Als Mensch kann man diesen Standpunkt eigentlich gar nicht verlassen. Aber wenn man sich dessen bewusst ist, wird es leichter, nicht einfach wie ferngesteuert zu handeln, sondern sich mit Verantwortung und Augenmaß gut um sich selbst zu kümmern und gleichzeitig gut für die Natur und die Artenvielfalt zu sorgen.

Deswegen habe ich das Buch nach möglichen Konfliktfeldern sortiert und die unterschiedlichen Interessen dabei möglichst neutral dargestellt. Dazu ein Beispiel: Es gibt Museumskäfer, marienkäferähnliche, bräunliche Käferchen, die man im Frühsommer auf Schafgarbe und anderen Doldenblütlern krabbeln und knabbern sehen kann. Ihre Larven ernähren sich von Fell und Federn, von dem, was übrig bleibt, wenn ein Tier stirbt. Wir Menschen sagen dann: »Es zersetzt sich mit der Zeit.« Was nicht stimmt, es wird zersetzt, von Bakterien, Pilzen, Käfern und Fliegenlarven und noch Hunderten anderen Lebewesen, in einer komplexen und perfekt aufeinander abgestimmten Teamarbeit. Schön eigentlich, das alles soll ja nicht ewig rumliegen. In einem Museum ist das allerdings anders. Da gibt es aufgespießte Schmetterlinge, ausgestopfte Vögel und Raubtierfelle, ausgestellt für die Ewigkeit und als Mittel, Wissen zu vermitteln. Sind die Museumskäfer dort Schädlinge? Oder der Mensch, der ihre Nahrung in Vitrinen stellt und dem Kreislauf der Natur entzieht? Oder stehen da einfach zwei Bedürfnisse miteinander im Konflikt?

Solche Interessenskonflikte gibt es viele. Ob es nun Käfer in den Vorräten oder Motten im Kleiderschrank sind, Vögel, die unsere Hauswand vollklecksen, der Giersch, der unser Kräuterbeet überwuchert, Moos in den Pflasterfugen oder die Haare des Eichenprozessionsspinners, die Quaddeln hinterlassen, und Hunderte, Tausende, Hunderttausende mehr. Darüber gibt es regalmeterweise Literatur und unzählige Einträge im Internet. Von diesen Konflikten sind im Buch nur einige beispielhaft beschrieben, denn das zugrunde liegende Prinzip ist immer ähnlich und jede und jeder muss für sich selbst einen passenden Umgang finden und dann danach handeln.

Was nicht geboten wird: konkrete Unkraut- und Schädlingsbekämpfungstipps, also Tötungs- und Vergrämungsmethoden, keine Gifte, auch keine zugelassenen, keine Hausmittel oder ökologische Alternativen, um Pflanzen oder Tieren den Garaus zu machen. Möge das in die Internet-Suchmaschine eingeben, wer will, ich empfehle nichts davon. Außer: bei einer wirklichen Gefahr für Leib und Leben einen Fachmenschen einzuschalten. Ansonsten ist meine Auffassung: Wem die Natur für einen Wimpernschlag der Erdgeschichte einen Garten anvertraut hat, der sollte nicht wild um sich schlagen. Daher bekommen Sie auch keine »moralischen« Argumente für eine Vernichtung. Also so was wie: ist Neophyt und invasiv, allergen, Krankheitsvektor, Ernteschädling – und muss unbedingt beseitigt werden.

Was ich gerne weitergebe, ist Wissen. Aber ich halte mich weder mit dem Anspruch auf Vollständigkeit auf noch mit der exakten wissenschaftlichen Bezeichnung. Manchmal nenne ich noch nicht mal die genaue Art, sondern verwende die gebräuchliche Bezeichnung. Alle Biologen mögen es mir verzeihen.

Es soll ein Lesebuch sein, für Gärtner und Gärtnerinnen, kein Fachbuch für die Landwirtschaft. Es geht mir auch nicht darum, die Ernährung von acht Milliarden und mehr Menschen auf unserem Globus sicherzustellen. Wobei ich, und mit mir zahlreiche andere auch, davon überzeugt bin, dass Lebensmittelerzeugung auch anders gehen kann und muss, wie sie größtenteils betrieben wird. Aber das ist ein anderes Thema.

Ich werden auch keine empirischen Beispiele aufzählen, keine Tabellen mit lateinischen Fachbegriffen erstellen, Schadenssummen, Kosten und Artbezeichnungen, keine Studien zitieren und die Seiten auch nicht mit Quellenangaben, Fußnoten und Zitaten füllen.

Alles, was hier steht, habe ich mal gelernt, gelesen, erfahren, gesehen, gehört, ausprobiert. Aber es ist nur eine Momentaufnahme. Wissenschaft entwickelt sich weiter und wird vom Zeitgeist beeinflusst. Bleiben Sie also auch in Zukunft offen und interessiert, nur weil es heute hier steht, heißt es nicht, dass ein bestimmtes Detail in ein paar Jahren nicht schon ganz anders sein kann.

Was ich gerne weitergebe, ist ein Konzept, um mit Konflikten umzugehen. Nicht nach einem festen Schema, sondern mit Gefühl für die Zukunft. Ich lade Sie ein, genau hinzuschauen und sich zu informieren. Besteht wirklich Gefahr für Leib, Leben und Ernte – Stichwort Wissen – und wie kann ich mich und die Meinen schützen? Oder geht hier ein alter oder neuer Mythos um? Besteht eine ernsthafte Bedrohung oder ist die Situation einfach nur anders, als ich sie gerne hätte? Weniger ordentlich, weniger kontrollierbar? Was dann aber dazu gehören würde, zum unparadiesischen Gesamtpaket, das man das wahre Leben nennt.

Und ich hoffe natürlich, Sie bekommen auch gute Unterhaltung. Und deswegen kommen wir jetzt erst mal zum Wetter. Das hat durchaus seinen Sinn, denn das Wetter ist eigentlich die größte Plage: Es kann uns die Petersilie verhageln und die Ernte wegschwimmen lassen, das grüne Wohnzimmer verbrennen und Stein und Bein frieren. Man kann nichts tun, als sich über die Wetteraussichten zu informieren und sich und seinen Garten darauf einzustellen, kurz- und langfristig, und damit zu leben. Warum in einem Buch über Plagen und Bösewichte das Wetter vorkommt? ... Weil man dagegen doch eigentlich auch nichts tun kann, außer sich informieren und sich darauf einstellen und damit leben ... genau. Mein Sohn würde sagen: merkste selbst.

Die eigentlich spannende Frage finde ich, ist, warum wir es den Wespen persönlich übel nehmen, wenn sie uns den Kaffeeklatsch im Garten sprengen, oder der Blattlaus, wenn sie ein paar Rosenblätter zerstört. Dem Gewitterregen mit Hagel und Sturm aber nicht.

Eine klare Antwort gibt es nicht, aber es ist ein interessantes Gedankenspiel, sich zu überlegen, ob wir das Wetter an unserem Wohnort auch vernichten oder bekämpfen oder eindämmen oder regulieren würden – wenn wir es denn könnten. Und wenn ja, wie würden wir es machen? Wüssten wir überhaupt, was gut wäre, oder ist es nicht viel zu komplex, als dass wir alles durchschauen? Würden wir womöglich nur eigennützig und kurzsichtig handeln und am Ende alles viel schlimmer machen, als es durch den Klimawandel ohnehin schon ist? Ist es also ganz gut, dass es nicht geht? Könnten wir diese Demut und die Einstellung nicht auch ein bisschen auf andere Plagen übertragen? Wespen, Stechmücken, Giersch, Moos im Rasen?

Fragen, die jede und jeder nur für sich beantworten kann. Wenn man aber den Wunsch verspürt, in Frieden zu gärtnern, kann man beim Lesen dieses Buches seine persönlichen Antworten finden.

Und deswegen verlassen wir das Thema Wetter und wenden uns den Tierchen zu, die wie ein Hagelsturm über unsere Beete kommen, und den Pflanzen, die über Nacht den Boden bedecken, oder den Parasiten und Pilzen, die ganz schön an unseren Nerven zerren.

Neben einer kurzen Einführung in den typischen Konflikt lasse ich auf den folgenden Seiten die Bösewichter und Plagen selbst zu Wort kommen. Generell ist es immer heikel, Tiere und Pflanzen zu vermenschlichen. Berühmt dafür ist Alfred Brehm mit seinem mehrbändigen illustrierten »Thierleben«, der schon zu seinen Lebzeiten im 19. Jahrhundert von Kollegen aus der Wissenschaft scharf dafür kritisiert worden war. Wegen der Unsachlichkeit – die für viele genau den Reiz ausmacht –, den ausführlichen verständlichen Beschreibungen, auf »Du und Du« mit den Tieren, nicht nur eine nüchterne Aneinanderreihung von biologischen Fachbegriffen. In Brehms Tierleben wird geliebt und gehasst, genossen und gelitten.

Ungebetene Gäste im Haus

Tierchen im Haus, da ist die Toleranz dann noch viel kleiner als im Garten. Dass Lebewesen aus einem artenreichen Garten ins Haus umziehen, passiert, aber seltener als man fürchtet. Je wohler sie sich draußen fühlen, desto weniger werden sie aus Versehen oder Absicht den Weg ins Haus finden. Vorbeugen sollte man trotzdem, denn Essen und Wohnung finden sie natürlich auch drinnen. Für kleine Krabbler sind schon Krümel ein Festessen, und manche fressen ja auch Wolle, Bücher oder Möbelholz. In von Möbeln verstellten Zimmerecken sammelt sich Staub und mehr, schon finden das verschiedene Tierchen toll, um sich hineinzukuscheln und eine Familie zu gründen. Feuchtwarm ist es oft auch noch, vor allem, wenn wenig gelüftet wird. Und so mancher ungebetene Gast kommt auch ganz ungewollt in unsere Höhlen und Nester. Lebensmitteleinkäufe, Flohmarktfunde oder Reiseandenken können Motten oder Fliegen, Bettwanzen können Flöhe oder Milben transportieren. Auch Ameisen, Schaben und Mäuse können darin sitzen.

Heute sehen wir das Vermenschlichen kritisch. Wobei es mich nicht stört, wir Menschen sind so und ich mache das mit jedem Käfer, der mir im Garten über den Weg läuft. Schwierig ist eher, wenn man die Tiere nicht nur so beschreibt, dass man als Mensch eine gewisse Nähe zu ihnen spürt, sondern sie nach menschlichen Maßstäben beurteilt. Was wohl würde man über einen Menschen denken, der sich in Exkrementen wohnlich einrichtet und sie auch noch frisst, der Vogeleier aus dem Nest holt, im Hühnerstall ein Blutbad anrichtet, Leichen frisst – das kann ja nur ein schlechter Charakter sein. Dabei muss es Tiere geben, die all das machen. Würden sich alle Tiere wie Menschen verhalten, wären ein Leben auf der Erde und die Natur, wie wir sie kennen, nicht möglich.

Die Tiere und Pflanzen zu Wort kommen zu lassen, ist gleichzeitig ein erzählerischer Kunstgriff, artgerecht dem Menschen gegenüber. Menschen lieben Geschichten und zeigen für etwas, das sie kennen, mehr Interesse und Gefühl. Was wir meinen zu kennen, ist uns näher. Und auf einmal hat es Wert. Solange man dabei eben nicht vergisst, dass es eine Geschichte und in echt vielleicht auch ein bisschen anders ist.

Der holländische Naturfilmer Tim Visser hat einen kurzen Film über eine Ameise gedreht – ja genau, Ameise, igitt, lästiges Krabbelvieh, im Haus will sie keiner haben ... Der Film dauert drei Minuten und er zeigt in Makroaufnahmen eine Ameise, die in den Trichter eines Ameisenlöwen gefallen ist. Wie dessen Klauen immer wieder zupacken, die Ameise sich losreißt, den Trichter hochkrabbelt, in fliegender Hast, von hinten mit Sand beworfen wird ... nach einer Minute fiebert jeder mit, ob sie es schaffen kann. Und ist ergriffen, als am Ende der Ameisenlöwe noch mal herzhaft zupackt und das namenlose Tier in die Tiefe zieht. Auch hier geht es nicht um Charaktereigenschaften und auch der Ameisenlöwe muss fressen. Und was die Ameise wirklich denkt und fühlt, werden wir niemals erfahren. Aber wir leiden automatisch mit ihr mit.

Natürlich bin ich es, die all die Arten in diesem Buch aus meinem Blickwinkel auf die Menschenwelt schauen lässt. Aber dadurch, dass beide Sichtweisen nebeneinanderstehen, wird klar, dass unsere menschliche Sicht keine absolute Wahrheit ist. Das ändert nichts daran, dass Blattläuse die Blätter aussaugen, aber es kann ihnen den Tod und den Gärtnernden den Hass und den Vernichtungsfuror ersparen. Das ist meine Hoffnung. Ausrottung als Selbstzweck – nein. Vorbeugen, weil es Konflikte geben *könnte* – nein. Sondern: Vorbeugung und Handeln, wenn es Konflikte gibt: ja. Wissen, warum es Konflikte geben kann, und dann vorbeugen oder wissen, welche Konflikte man einfach aussitzen kann: jaaaa.

Ein naturnaher Garten voller Leben, in dem sich viele Konflikte von alleine regeln, ist eine gute Voraussetzung. Wer ständig massiv ins System eingreift oder vielleicht eingreifen muss, macht vermutlich etwas falsch.

Und nun doch noch mal zum Wetter. Ein Garten, der nicht ständig gegängelt und in dem nicht ständig irgendwas oder irgendwer vernichtet wird, ist auch gegen Extreme gefeit. Er erholt sich schneller; tierische Mitbewohner kümmern sich um all die Reste, die nach einem Hagelsturm, einem heißen Sommer oder einer Überflutung übrig bleiben, und all das kleine Insektenleben im Boden und in der Luft kümmert sich, die Dinge wieder in Gang zu bringen, den Boden wieder benutzbar zu machen. Ein naturnaher, lebensvoller, unordentlicher Garten ist die beste Strategie, Konflikte mit den Naturgewalten auszuhalten.

Über Schnecken, Raupen und andere hungrige Gesellen

Warum die Natur keine Schädlinge und kein Unkraut kennt und wir Menschen aber trotzdem nicht alles hinnehmen müssen, sollen, dürfen

Abends die kleinen Salatpflänzchen ins Beet gesetzt, zusammen mit Kohlrabi und Gurken. Morgens stehen nur noch die Stängelstumpfe, wenn überhaupt. Alle Erdbeeren sind weg, bevor sie richtig rot sind, Saatgut verschwindet, bevor es auflaufen konnte: Das war bestimmt kein Gewitter mit Hagel und Sturm, sondern eine gezielte Aktion von ewig hungrigen Bewohnern und Besuchern unseres Gartens, die sich mit Freuden auf alles stürzen, was dem Gärtner lieb und heilig ist! Und lässt man den Garten mal eine Woche ohne Aufsicht, scheint er schier zugewuchert mit Giersch und Franzosenkraut, Löwenzahn und anderem Grünzeug.

Bevor wir uns in Rage reden, erzählen wir die Geschichte mal anders: ohne böse Schädlinge und Un-Kräuter und gute Gärtnerinnen und Gärtner. Den Pflanzen widmen wir uns ausführlich ab Seite 67. Jetzt sollen erst einmal die Tiere im Mittelpunkt stehen. Dass sich die Alles-weg-Fresserchen in unserem Garten so wohlfühlen, ist vor allem die andere Seite der gärtnerischen Erfolgsmedaille. Wir haben dem Salat das Bittere weggezüchtet, dem Radieschen die Schärfe, dem Spinat die Säure – Stoffe, die die Pflanzen entwickelt haben, oft, um sich gegen Fraßfeinde zu schützen. Wir haben sie so gezüchtet, dass sie mehr Früchte hervorbringen, süßer, saftiger, gehaltvoller. Was dem Menschen besser schmeckt, schmeckt auch anderen umso mehr. Und all diese Köstlichkeiten stellen wir in

Mengen auf kleine Flächen in Reih und Glied, ohne dass zwischen ihnen viel anderes wächst. Verglichen mit der Natur, die ja oft sehr wild und karg ist und sich einfach an die Jahreszeit hält, oder verglichen mit den landwirtschaftlichen Flächen, die zum großen Teil industriell und mit Monokulturen bewirtschaftet werden, ist unser Garten ein üppig bestückter Feinkostladen. Vollgestopft mit Leckereien, Pflanzenfresser brauchen nur zuzugreifen, statt sich mühsam alles zusammenzusuchen und sich an manchem auch noch den Magen zu verderben. Eine große Auswahl besten Futters, auch zu Jahreszeiten, in denen die freie Landschaft kaum etwas zu bieten hat: duftende Rosen sogar im Dezember, Frühblüher im Januar, leckere Kräuter, die immer wieder mit Nachschub aus dem Gartencenter ergänzt werden.

Besonders Allesfresser, die nicht auf eine ganz bestimmte Ernährung festgelegt sind, sondern die das fressen, was da ist, fühlen sich in unserer Nähe oft sehr wohl. Manche wollen auch genauso wie wir gemütlich warm wohnen und wenn sie dann nicht besonders scheu und schreckhaft sind, dann ziehen sie in unsere Ställe und Häuser und fressen von unseren Vorräten und machen es sich auch sonst gemütlich. Mäuse sind da das Paradebeispiel.

Mäusekrankheiten

Mäuse essen viel, und dann kommt auch wieder viel raus. Liegt irgendwo was rum, wird das natürlich wieder von anderen besiedelt, Bakterien, Pilzen, Mikroben. Manche Mikroben kommen auch direkt mit dem Kot aus den Tieren raus, Hantaviren etwa. Die tragen überwiegend die Rötelmäuse in sich herum. Anstecken können sich Menschen, wenn sie die Viren einatmen oder in Wunden bekommen, wenn etwas im Mäusekot liegt und beim Putzen und Fegen vom Gartenschuppen aufgewirbelt und eingeatmet wird. Vorbeugend kann man einen Mundschutz und Handschuhe tragen und den Boden vor dem Fegen anfeuchen. Und ansonsten ein reichhaltiges Zersetzer-Team fördern. Denn das kümmert sich natürlich auch um solche Hinterlassenschaften und umso weniger und kürzer bleibt was liegen.

Hallo, jetzt rede ich: die Maus

»... also zu sagen, die Mäuse fühlen sich wohl in der Nähe des Menschen und sind Allesfresser, ist schon ein starkes Stück. *Die* Mäuse? Wisst Ihr eigentlich, wie viele Arten es gibt? Ich nicht, aber es sind viele! Da gibt es die minikleine Zwergmaus, die eigentlich nur durchs hohe Gras turnt, Blutweiderich-Samen und Mäusegerstenkörner futtert und bloß nicht den Boden berührt oder gar gesehen werden will. Es gibt Rötelmäuse, Gelbmäuse, Schermäuse, Feldmäuse, und sie alle mögen weniger eng mit dem Menschen zusammen wohnen, lieber im Wald, im Feld, im Gebüsch. Wie in Eurer Fabel von der Stadtmaus und der Landmaus, wo erst die Landmaus die Stadtmaus zu sich einlädt und sie mit ihrem kargen Naturfutter so gut es geht bewirtet. Beim Gegenbesuch gehen ihr die Augen über angesichts der Leckereien – bis die Hauskatze kommt und die beiden nur mit knapper Not entkommen. Da geht die Landmaus doch lieber wieder aufs Land, denn Genügsamkeit und Zufriedenheit machen glücklicher als Reichtum und Überfluss unter großen Sorgen. So ist die Moral. Etwas für zimperliche Persönlichkeiten, wenn Ihr mich fragt. Wir Hausmäuse wissen das Gute zu schätzen und finden, man kann es ganz gut aushalten mit Euch Menschen. Man muss ein bisschen auf der Hut sein und sich nicht zu oft zeigen, dann erschreckt Ihr Euch nicht und kommt nicht auf die Idee, Gift zu verstreuen oder Fallen aufzustellen. Deshalb schlafen wir tagsüber und sind abends wach, wenn Ihr dann schlaft. Manchmal stört Euch wohl das Tippeln, Nagen und Piepsen, aber wir bemühen uns, leise zu sein. Beim Fressen sind wir nicht wählerisch, ein paar kleine Reste reichen, der Rand von der Pizza, das alte Pausenbrot, Katzenfutter. Erst mal probieren wir alles, auch Gummistiefel oder Kabel. Kann ja sein, es ist essbar. Also im Grunde leben wir seit Jahrtausenden gut zusammen. Eigentlich sind wir Steppenbewohner, aber weil wir Eure Nähe mögen, sind wir im Gepäck und Gefolge mit Euch auf der

ganzen Welt verbreitet; wir sind klein und haben biegsame Knochen, wo unser Kopf durchpasst, kommt auch der Rest hinterher, ein paar Millimeter Lücke reichen schon. Wir können auch gut schwimmen, klettern und springen.

Mäuselöcher sind übrigens ziemlich beliebt, bei Hummeln zum Beispiel, die bauen darin dann ihre Nester. Dass es in Euer Nähe immer weniger Marder, Wiesel, Iltisse und Füchse und Schlangen gibt, finden wir wunderbar; allerdings habt Ihr Euch diese Katzenviecher angeschafft und auch manche Hunde sind echt anstrengend.

So, ich muss los, sitze jetzt schon bestimmt fünf Minuten und erzähle über mich und uns. Für Euch mag das nicht viel sein, aber unsere Lebensspanne ist sehr viel kürzer und das ist bestimmt so, als hättet Ihr einen ganzen Tag verplaudert. So betrachtet, ist es auch gar nicht so vulgär, wie Ihr es findet, wie schnell wir viele Kinder bekommen, alle paar Wochen ein Wurf, allerdings nur, wenn es gut läuft. Sonst sind es sehr viel weniger, dann kümmern sich die Mäusefrauen gemeinsam um einen einzelnen Wurf.

Elefanten, Bienen und Mäuse

Dass Elefanten vor Mäusen Angst haben, dafür gibt es keinen Beweis, nur ein Zitat aus dem alten Rom als möglichen Ursprung. »Von allen Kreaturen können Elefanten Mäuse nicht ausstehen«, soll ein römischer Gelehrter namens Plinius behauptet haben. Der berühmte Bernhard Grzimek hat es dann mal ausprobiert. Ergebnis: Die Elefanten beschnupperten die Mäuse und zertrampelten sie. Von Panik keine Spur, aber von Zuneigung auch nicht. Vor Bienen scheinen sich Elefanten allerdings tatsächlich zu erschrecken, vielleicht weil sie mit ihnen schmerzhafte Erfahrung gemacht haben. Das hilft in afrikanischen Ländern oder in Indien, Siedlungen und Ackerflächen vor Elefanten zu schützen. Aus der Ferne finden wir die Tiere wunderbar, wenn sie aber in Herden durch die Felder stampfen, gleicht das hinterher einer Verwüstung. Ein Zaun aus Bienenkörben verhindert zuverlässig, dass sie die Äcker betreten, schon das Summen lässt sie Abstand halten. Für die Bauern ist es eine Win-win-Situation, weil sie so auch noch Honig ernten können.

Echte und falsche Mäuse

»Maus« ist ein eher allgemeiner Begriff für zahlreiche kleine Säugetiere, auch für die, die keine sind. Fledermäuse sind mäusekleine und graupelzige Fledertiere, auch Haselmäuse und Co. sind keine Mäuse, sondern mit dem Siebenschläfer verwandt, erkennbar an dem buschigen Schwanz, mit dem sie ihre Sprünge durchs Geäst steuern. Die kleine Spitzmaus gehört ebenfalls nicht zu den echten Mäusen. Nur die Wühlmaus, die wir gefühlsmäßig wohl eher zu den Ratten zählen, ist eine waschechte Maus.

Dass wir unser Essen und unsere Behausungen eigentlich nicht für sie gedacht haben, interessiert weder die Mäuse noch die anderen Kulturfolger, die so tun, als wären sie bei uns zu Hause. Kleidermotten und Museumskäfer, Heimchen und Silberfischchen, Spatzen, Füchse. Meins und Deins sind menschliche Kategorien wie Gut und Böse. Dass manches von uns vielleicht auch nur zum Anschauen gedacht ist, hübsche Pflanzen zum Beispiel, wissen sie nicht und würden es vielleicht auch nicht verstehen. Oder dass wir nicht wollen, dass andere das noch fressen oder nutzen, was wir für die Mülltonne vorgesehen haben.

Allerdings sind es nicht nur Allesfresser, die sich in unserer Nähe gerne aufhalten. Weil der Mensch dazu neigt, im Garten großen Mengen Gemüse derselben Sorte anzubauen, kann es auch ziemliche Konflikte mit spezialisierten Fressern geben. Oft sind es Insekten oder deren Larven, die eine Leidenschaft für nur eine einzige Pflanzenart haben und in manchen Jahren radikal alles wegfressen. Handelt es sich um nicht angepflanzte und nicht genutzte Kräuter und Blumen, ist es uns Menschen eher egal. Soll der Jakobskrautbär doch seine Raupen das Jakobs-Greiskraut fressen lassen und die Distelfalterraupen an den Disteln nagen. Hat man aber ein Feld voller Kartoffeln oder Kohl und Kartoffelkäfer und Kohlweißling feiern großfamilienweise Fressorgien, sieht die Sache anders aus.

Hallo, jetzt rede ich: der Kohlweißling

Gestatten, ich bin ein Kohlweißling, der Kleine Kohlweißling, um genau zu sein, es gibt auch noch Große Kohlweißlinge, aber das ist was für faunistische-systematische Feinschmecker. Wenn ich mich ein bisschen altmodisch ausdrücke, dann mag man mir das bitte verzeihen, aber ich bin halt auch ein altmodischer Schädling. In der Zeit, aus der ich komme, da durfte man das noch sagen, Schädling. Da war nichts mit politischer Korrektheit und eigentlich mag ich das Wort. Das hat was Robustes. Ein Schädling, der kommt klar, der ist hart im Nehmen und weiß, für sich zu sorgen. Eigentlich waren wir immer stolz darauf, denn Kohl fressen, das kann nicht jeder. Und auch, was mit Kohl so alles verwandt ist, Raps, Radieschen und so weiter. Die Pflanzen haben Senföle in sich, die scharf sind, giftig, Blähungen machen. Ihr kennt das. Wir vertragen das, unsere Raupen reichern die Stoffe sogar in sich an. Hat den Vorteil, dass sich unsere Raupenkinder nicht so verstecken müssen, sie können in großen Gruppen gemeinsam auf den Kohlblättern sitzen und fressen. Sie sind klein und grün, mit ihren gelben Linien ziemlich bunt und auffällig. Die Vögel und alle anderen Fressfeinde wissen: Finger weg, die schmecken nicht.

Nur bei Euch Menschen, da standen wir lange ganz oben auf der Schwarzen Liste. Früher war Kohl Euer Grundnahrungsmittel, es gab Gemüsebeete und Felder voll davon – und auch von uns gab es dementsprechend viele. Selbstversorger mussten den Keller mit Kohl für den Winter voll kriegen und wer Gemüsebauer war, lebte davon, ihn zu verkaufen. Mit angefressenem

Schmetterlings-Abc

Schmetterlingsflügel sind bunt und wenn man genau hinschaut, kann man allerlei Figuren erkennen. Ein norwegischer Fotograf hat über mehrere Jahrzehnte alle 26 Buchstaben unseres Alphabets sowie die Ziffern 0 bis 9 gesucht und gefunden. Das wir darin die Ziffern und Buchstaben sehen, ist natürlich Zufall. Aber wer sich mal wieder über Raupen ärgert, sollte sich vielleicht vor Augen führen, zu welchen schönen Wesen sie später werden.

Kohl geht das schlecht. Heute ist das ein bisschen anders, zumindest bei den meisten. Da springt keiner panisch auf, wenn er mich durch den Garten flattern sieht, auf der Suche nach Kohl, an den ich meine Eier legen kann. Es ist sowieso gar nicht so einfach, noch welchen in Euren Gärten zu finden, und dann spannt Ihr auch noch engmaschige Gemüseschutznetze drum rum, da komme ich nicht durch. Auch wenn Kartoffeln, Pfefferminze, Sellerie oder Tomaten mit dem Kohl unordentlich auf einem Beet stehen, mag ich meine Eier da nicht gerne ablegen. Nicht weil es mir zu unordentlich wäre, aber ich mag den Geruch nicht. Dann suche ich mir Kapuzinerkresse, die wächst mittlerweile ja überall und die will ja auch keiner von Euch essen, höchstens die Blüten. Und im Herbst erfriert die sowieso meistens sehr schnell zu einem grünen Matsch, da beschwert sich keiner, wenn sich die letzte Generation Raupenkinder an ihr satt frisst, bevor sie sich verpuppt und so den Winter verbringt.

Der Garten ist auch für uns etwas Feines, Besonderes. Ein grünes Zimmer, eine Oase der Erholung, ein Platz, um Kräuter und eigene Gemüse zu ziehen. Kein reiner Nutzgarten und nur selten notwendig, um unser Auskommen oder Überleben zu sichern. Fressen die Amseln die Erdbeeren, können wir auf dem Markt neue kaufen. Wird der Salat nichts, auch. Das war mal anders und in vielen Regionen der Erde ist es auch heute noch so, aber hier und heute bei uns meistens nicht. In unserem Garten müssen wir deshalb auch nicht so handeln, als lebten wir noch in biblischen Zeiten. Wir werden nicht verhungern, wenn unsere Salatköpfe aufgefressen wurden.

Wer die Raupen von den Kohlköpfen absammelt und tötet, der hat im Sommer keine Schmetterlinge. Aber er hat dann eben mehr Kohl, auch wenn die Raupen selten einen Kopf bis auf den Strunk kahl fressen, meist nur einzelne Blätter entlang der Rippen oder mal ein paar Löcher in den Kohl. Allerdings gibt es noch ein paar andere Tiere, die Kohleule, ein Nachtfalter, und den Kohlzünsler und die Kohlmotte, die auch alle gerne an den knackigen Köpfen fressen.

Rausreißen muss man den angefressenen Kohl nicht, auch ohne dicken Kohlkopf kann er stehen bleiben. Im Frühjahr treibt er durch und blüht in gelben Blütenwolken und hat schon ganz früh und ganz viel Nahrung für die Insekten im Angebot. Gerade Hummeln und Wildbienen brauchen das Futter nach dem Winter.

Ratzekahl heruntergefressene Nutzpflanzen sind zwar selten eine Gesundheitsgefahr, können aber viel Ärger und konnten früher auch viel Leid verursachen, wenn nur noch Strünke und leere Stängel übrig bleiben. Hier und heute ist Kohl kein Grundnahrungsmittel mehr und ein Kohlweißling ein Schmetterling. Fressen seine Raupen den Kohl, isst man halt etwas anderes. Auch Kartoffelkäfer sind in unseren Gärten kein großes Thema mehr.

Monokulturen sind anfällig für solche Spezialisten. Diese können sich dann massenhaft vermehren, ohne dass die Feinde mit der Entwicklung hinterherkommen. Vielleicht sind sie auch gar nicht da. Wenn große Ackerflächen wirklich nur einseitig mit Kohl bepflanzt sind, fehlen Beikräuter und Hecken als Futter und Lebensraum für Vögel und andere Gegenspieler. Wo sollen die Fressfeinde da leben?

Auf den Garten bezogen heißt das: Ein lebensraumvoller Garten mit haufenweise Tieren ist besser aufgestellt. Wenn möglich, kann man das auch im Gemüsebeet durchhalten. Es gibt allerdings Massenjahre, in denen einfach mal so viele Tiere einer Art auftauchen, dass auch eine reiche Natur nicht dagegen ankommt. Das ist durchaus normal. Die Kunst des friedlichen Gärtnerns ist dann, es auszuhalten, dass das Fressen-und-gefressen-Werden nicht immer hundertprozentig gleichzeitig passiert. Und darauf zu vertrauen, dass sich ein Gleichgewicht einstellen wird – statt mit Eingriffen den Kreislauf noch mehr aus der Bahn zu werfen.

Das haben viele Buchsbaumliebhaber in den letzten Jahren erlebt: Massen von Raupen sitzen in ihrer grünen Pflanzendekoration und den liebevoll in Form geschnittenen Büschen und fressen sie kahl.

Hallo, jetzt rede ich: der Buchsbaumzünsler

Eigentlich müssten wir uns gut verstehen, Ihr Menschen und wir Buchsbaumzünsler, lieben wir doch beide den Buchs so sehr. Ihr wollt ihn grün und kugelig oder in Figurenform geschnitten. Wir haben ihn zum Fressen gern. Auffressen würden wir ihn allerdings niemals, er soll doch im nächsten Jahr wieder viele schöne Blättchen wachsen lassen, wir brauchen Futter für unsere Kinderschar. Meistens treibt der Buchs spätestens im Juli wieder aus, dann kann er noch ordentlich Fotosynthese machen und wachsen. Natürlich nur, wenn Ihr Menschen nicht voller Panik den ganzen Strauch rausgerissen und verbrannt habt, um zu verhindern, dass wir Buchsbaumzünsler die Buchsbäume vernichten.

Wobei, es gibt auch noch diesen Pilz, *Cylindrocladium buxicola,* der sich mit dem feuchten wärmeren Klima neuerdings sehr wohlfühlt. An nassen Blättern bleiben seine herumfliegenden Sporen besser kleben, in der Wärme wächst er gut. Vielleicht lag es ja an Eurem Buchsbaumzünslerbekämpfungstrick, unsere Raupen mit einem harten Wasserstrahl von den Trieben zu spritzen und dann den ganzen Busch für einen Tag in eine schwarze Folie zu wickeln, auf dass die darunter entstehende Hitze die restlichen Eier und Larven ins Jenseits befördere. Wir sitzen mit unseren Gespinsten aber recht fest im Busch, so leicht werdet Ihr uns nicht los. Und die Pilzsporen haben sich freudig vermehrt.

Wo Buchs stehen blieb und noch steht, klappt es langsam mit der gemeinsamen Buchsbaumliebe. Ihr pflanzt Buchs, wir legen Eier rein. Die Raupen schlüpfen, fressen Blätter und werden von Vögeln gefressen. Das ist nicht schön, aber so hat es die Natur halt eingerichtet. Wir sind viele, damit ein paar durchkommen und sich verpuppen. Nach zwei, drei Monaten erblickt eine neue Generation Falter das Licht der Welt und die herrlich vielen Buchsbäume in Euren Gärten. Die letzten Raupen im Herbst verpuppen sich in einen Kokon aus Kleber und Blättern.

Vor allem Spatzen picken ganz schön was weg. Die waren in den letzten Jahren selten geworden; und haben mit uns eine neue Futterquelle, eiweißreiche Nahrung für ihren Nachwuchs.

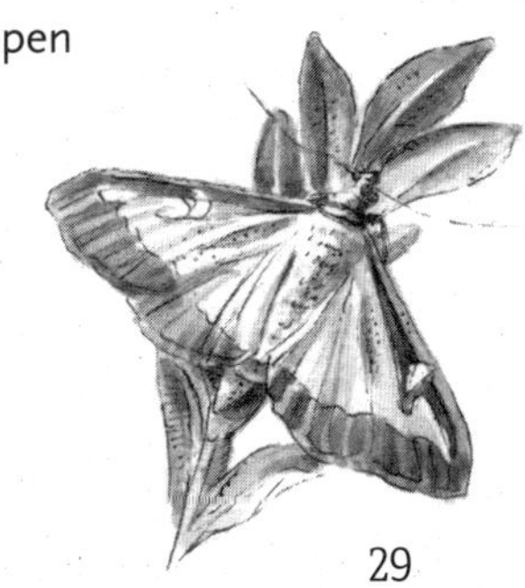

Mittlerweile wissen Meisen und Spatzen, wie gut Buchsbaumzünslerraupen schmecken, es hat ein Weilchen gedauert. Ob noch mehr Buchsbaum leben würde, wenn weniger Tatendrang geherrscht hätte? In den Gärten, wo der Buchsbaum als einer unter vielen stand und auch angefressen stehen blieb, wächst er mittlerweile wieder, als wäre nichts passiert. Jedes Jahr sind ein paar Raupen drin, ein paar Ästchen kahl. Aber das ist oftmals kaum noch der Rede wert.

Es ist halt nur nicht so einfach, man braucht Mut, um im Garten die Zügel locker zu lassen und nicht gleich durchzudrehen. Und man braucht Gelassenheit und Geduld.

Marder müssen erst wissen, dass dort, wo viele Mäuse leben, oft auch ein fettes Rattenbaby zu holen ist. Mücken ziehen Fledermäuse an, viele Schnecken den Igel. Löwenzahnblüten geben Insekten Nahrung und sie wiederum ziehen Insektenfresser an. Und auch ein anderer Aspekt des Nahrungsnetzes ist wichtig, all die Destruenten, Schnecken, Käfer, Würmer, Asseln, Tausendfüßer, Fliegenlarven, die sich organischem Material, Laub, Aas, Totholz widmen. Sie zerkleinern es auf Nährstoffgröße und führen die Inhaltsstoffe wieder in den Kreislauf der Natur zurück.

Spanische Nacktschnecke ist keine Einwanderin

Die verhassteste aller Schnecken ist die Spanische Wegschnecke. Mit dem wissenschaftlichen Namen *Arion lusitanicus.* Sie raspelt alles weg, was sie findet. Die Schlussfolgerung liegt nahe: Schneckenfraß und südländische Einwandererschnecken, die so bitter sind, dass sie nicht mal unseren heimischen Vögeln schmecken: Das kann ja nichts Gutes sein. Eingeschleppt wurde die Spanische Wegschnecke angeblich nach dem Zweiten Weltkrieg durch Obst- und Gemüseimporte, das hat natürlich niemand beobachtet – aber die aktuelle Wissenschaft hat Möglichkeiten, anderes zu sehen. Die DNA zum Beispiel. Und danach scheint festzustehen, dass diese Schnecke keine Südländerin ist, sondern einheimisch und eng verwandt mit der mitteleuropäischen schwarzen Garten-Wegschnecke und der roten Wald-Wegschnecke. Nicht eingeschleppt, nicht eingewandert. Vielleicht hat sich diese braune Art in der veränderten Landschaft und Landwirtschaft einfach nur gut vermehrt.

Hallo, jetzt rede ich: die Schnecke

»Die Rückführung der Inhaltsstoffe organischen Materials in den Kreislauf der Natur«, ja, so sieht's aus. Das habt Ihr ja nun wohl hoffentlich gelesen, auch wenn ich erst mal nachdenken musste, was es eigentlich heißt. Herrje, ist das vornehm ausgedrückt. Aber gut, stimmt. Wir fressen ja nicht einfach wahllos alles, was uns unterkommt, wir schauen schon genau hin. Ich als Gemeine Wegschnecke bin für schlappes, krankes, totes Pflanzenmaterial zuständig. Andere Schnecken fressen lieber was anderes. Schnegel beispielsweise sind keine Vegetarier. Wie die schon aussehen, getigert oder schwarz wie ein Panther. Sie gehen nachts auf Jagd nach Insekten und anderen Schnecken. Und obwohl sie echte Raubtiere sind, könnt Ihr sie gut leiden und nennt sie sogar Nützlinge. Na ja, ich muss es ja nicht verstehen.

Also, ich fresse alles, was nicht mehr frisch und knackig ist. Eure ganzen Setzlinge zum Beispiel, das sollen mal große Salatkopfe werden, habe ich mir sagen lassen, bunt und gesund, aber was weiß ich von der Zukunft? Wie sie da liegen, drei Blättchen, die Wurzeln zerknickt und verletzt, halbtot, hungrig und durstig, weil sie mit den kaputten Wurzeln nicht an die Bodennährstoffe kommen und auch nicht mehr in ihren kleinen Gewächshaustöpfchen sitzen ... Denen geht es nicht gut, die können weg. Sollen in den Kreislauf der Natur zurückgeführt werden. Jawohl. Ich fresse und verdaue sie, ein Teil kommt als Nährstoffbrei wieder raus und kann dann gleich dem Leben in und auf dem Boden wieder zur Verfügung stehen. Ich wachse und gedeihe und vermehre mich – bis ich irgendwann selbst gefressen werde oder sterbe und dann in den Kreislauf der Natur zurückkehre. Auch da habe ich mich vornehm ausgedrückt, ich hoffe, Ihr kapiert es. Damit Igel und Kröten und Vögel genug an Schnecken zu fressen haben, müssen wir uns erst mal fett fressen. Fatal also, wenn Ihr uns vergiftet, auszurotten versucht oder im Winter die Eier und kleinen Schnecken absammelt.

Mit Häuserschnecken seid Ihr viel freundlicher. Dabei fressen die auch ganz schön was an Grünzeug! Ihr seid ja nie dabei, weil Ihr ja im Bett liegt und von toller Gemüseernte träumt, während wir nachts mit den dicken Weinbergschnecken streiten.

Dass Ihr uns mögt, okay, muss nicht sein. Oder gar Unterkünfte und Hotels töpfert und zimmert wie den Bienen und den Florfliegen und den Ohrenkneifern, ist auch gar nicht nötig, wir kommen gut klar. Wir bewohnen gerne schattige und feuchte Mauern, Bäume oder Totholz mit Rissen, Äste und Laubhaufen. Aber ich verstehe es nicht, wir beißen nicht und stechen nicht, übertragen keine Krankheiten und wir buddeln auch nicht. Wir sind total modern, transgender, queer und divers, aber vielleicht sehen wir einfach nicht so schön aus, sondern weich, schleimig, amorph und wenig sexy. Da habt Ihr irgendwie ein Psychothema mit. Es geht Euch nur um Euren Salat? Na, dann passt doch auf ihn auf und lasst uns Schnecken in Frieden.

Das Problem ist ja auch oft nicht das Tier selbst, also etwa die Schnecke und ihre pure Existenz. Zumindest sollte es das nicht sein, nur weil es nicht unserem Schönheitsideal entspricht. Sondern der Schneckenfraß. Gegen den kann man aber was tun: Direktsaaten sind robuster als umgepflanzte vereinzelte Setzlinge, sie haben keinen Umzug zu verkraften und senden auch keine Signale der Schwäche an die Schnecken aus. Die Aussaat sollte erst erfolgen, wenn es warm genug ist. Je schneller, besser und gesünder die Sommerblumen und das Gemüse wachsen, desto weniger werden sie als Nahrung erkannt.

Besser ist es, Pflanzen zu stärken und schützen, statt mit Gift gegen die Tiere vorzugehen, was der Pflanze nichts nützt, aber die gesamte Umgebung schwächt. Aber man braucht auch Demut, denn nicht immer haut alles hin. Und es gibt ja auch noch große Mitesser, die sich mit ein paar Blättchen Salat als Ablenkfütterung nicht davon abhalten lassen, auch alles andere zu fressen. Kaninchen, Vögel, Rehe ...

Tipps bei Schneckenfraß

Wenn es notwendig ist, gießen, nie abends und nie großflächig alles berieseln, wenn, dann nur die einzelne Pflanze. Ein feuchter, glatter Boden macht den Schnecken das Gleiten schön einfach, sie landen wie auf dem Förderband direkt vor den jungen Pflanzen, statt sich über Gras und Erdbröckchen mühsam heranschleimen zu müssen. Schotter oder Kies, Kalk, Hackschnitzel, Sägespäne und Kaffeesatz machen ihnen das Leben schwer. Eine Ablenkfütterung kann auch helfen: Welkes aus dem Küchenabfall zwischen die Saatreihen gelegt, Möhrengrün, Kohlrabiblätter und Reste vom Salat sind für die Schnecken ein gefundenes Fressen. Und ansonsten: Es lebe die Unordnung! In aufgeräumten Gärten machen sich die Schnecken oft aus lauter Not auf ins Gemüsebeet.

Hallo, jetzt rede ich: das Kaninchen

So, meine lieben Leserinnen und Leser, bevor wir uns hier irgendwie unterhalten, wir sind *keine* Hasen. Wir gehören zwar alle zu den Hasenartigen, die sich dann aber in ganz verschiedene Arten aufzweigen: Eine davon ist der Europäische Feldhase. Eine andere bin ich, das Europäische Wildkaninchen. Wir werden so oft verwechselt, was aber kaum verständlich ist – Hasen sind größer und haben an den Löffeln schwarze Spitzen. Wir leben in Bauen und bringen unsere Jungen nackt und taub in einem kuscheligen Nest zur Welt, während kleine Hasen Nestflüchter sind und nur einmal am Tag Besuch von ihrer Mutter bekommen, um gesäugt zu werden.

Feldhasen haben das bessere Image, vielleicht auch, weil sie sich nicht so häufig in Gärten blicken lassen, aber wenn wir Eure Gärten besuchen, dann schlagt Ihr gleich Alarm.

Ich buddle auch mal, aber nicht wahllos, ganz ehrlich, sondern es muss schon guter Boden sein, locker und doch fest, und ich mache das auch nur, wo wir uns niederlassen wollen, so ein Bau ist ein Generationenwerk, eine ganze Siedlung für die ganze Großfamilie. Das mache ich bestimmt nicht nur bei einem einzigen Menschen im Garten. Viel zu klein. Und dass Ihr mich da nicht haben wollt, das weiß ich wohl.

Okay, ich fresse viel, ihr pflanzt aber auch leckere Sachen an! Dass es wegen des Salats und des Kohls Ärger gibt, klar, den wollt ihr selber essen, aber all die Blüten und Blättchen, die erntet doch keiner. Und wenn wir sie abgefressen haben, pflanzt ihr gleich wieder neue. Wie soll man das denn anders verstehen als eine Einladung, wieder zu kommen? Das ist wie einen Lieblingskuchen backen und dann in eine Vitrine stellen und abschließen. Wobei das aber hilft, das kapieren wir dann irgendwann. Zaun drum, je tiefer im Boden eingegraben, umso nerviger ist er für uns. Heißt das nicht sogar Karnickeldraht, dieser feinmaschige Drahtzaun? Je nach Größe des Gartens ist das allerdings nicht billig. Aber all die anderen Sachen, Wasserspritzmaschinen mit Bewegungsmelder, ekliges Stinkeöl oder Hornmehl überall im Garten verteilen, kosten ja auch Geld. Und nützt Euch nicht so viel.

Aber ehrlich, ich lasse Euch ja auch Dünger da, Kaninchenköddel sind was Feines für die Pflanzen. Und wir köddeln viel, wir sind Pflanzenfresser und haben eben eine starke Darmperistaltik, das heißt, wir müssen mehrmals am Tag. Mehrere hundert Kotkugeln kommen da zusammen. Also rein von der Natur war es so gedacht, dass wir gewachsene Biomasse veredeln und ein Teil von uns größeren Tieren als Nahrung zur Verfügung steht. Von unserem Fell können sich sogar Vögel und andere gemütlich den Bau auspolstern.

Kaninchen als Rasenmäher und Düngerproduzent

Außer dass sie niedlich sind, nützen Kaninchen nicht viel? Stimmt nicht. Als »Beweider der Unterkulturwiese im Streuobstanbau« sind sie geradezu perfekt. Erste Studien, die den Einsatz von Kaninchen zur Pflege der Streuobstwiesen zum Erhalt der Biodiversität prüften, stimmen optimistisch: Sie kommen mit dem aus, was unter ihnen wächst, sind aber gut in der Lage, die Wiese und die Nährstoffe im System zu halten. Die Grasnarbe wird anders als bei anderen natürlichen Rasenmähern wie Schafen oder Ziegen kaum zerstört, die Bäume müssen nur im ganz jungen Stadium geschützt werden.

Als »Dank« für das leckere Futterangebot der Streuobstwiese hinterlassen Kaninchen ihren kugelförmigen Kot. Zwischen Fressen und Ausscheiden hat die Evolution bei manchen Tieren noch das Widerkäuen gesetzt. Auch Kaninchen machen das, aber anders als Schafe oder Kühe rülpsen sie das Halbverdaute nicht aus dem Pansen hoch, sondern nehmen es, in Jägersprache ausgedrückt, den Kopf zwischen die Beine gesteckt, mit dem Äser direkt vom Weidloch wieder auf. Blinddarmkot nennt man das, denn Möhrchen und Blättchen landen nach Magen und Dünndarm eben erst im Blinddarm des Kaninchens. Der ist zehnmal so groß wie der Magen, eine regelrechte Gärkammer, hier sitzen Bakterien und andere Mikroorganismen, die die Nahrung zum Teil fermentieren – dadurch werden die Nährstoffe besser genutzt. Ein Teil der Mikroorganismen wird anschließend verdaut und deckt den Eiweißbedarf, Kaninchen sind ja Vegetarier.

All diese Vielfraße machen uns grundsätzlich ein Kompliment. Es gefällt ihnen bei uns, in unserem Feinkostladen. Auch wenn es nicht leichtfällt, diese Komplimente anzunehmen, wenn der Buchs kahl, der Salat weg ist. Aber was ist die Alternative: Die ganze Kundschaft erschießen, den Laden ganz dicht und einen Kiesgarten mit Lebensbaumhecke und englischem Rasenstreifen daraus machen? Das wäre Stillstand und Tod und ist keine Alternative, die glücklich macht. Leben ist Veränderung und das, was passiert, während wir versuchen, Pläne zu machen. Viel besser ist es doch, den Garten so ans Laufen zu bringen, dass sich keiner daneben benimmt oder es nicht auffällt. Ein stabiler Zaun als Warensicherung und eine reiche Vogelwelt als Sicherheitsdienst, die besten Sachen kommen hinter

Maschendraht und in Wurzelkörbe wie in eine Vitrine. Und insgesamt muss das Angebot so vielseitig sein, dass eben nicht nur eine Pflanze drin wächst, die dann Feinschmecker aus der ganzen Gegend anlockt, sondern viel verschiedenes und damit unterschiedliche Kunden, die sich bestenfalls auch noch gegenseitig auf die Finger schauen. Ein Naturgarten, bunt, lebensvoll und durcheinander. Wer so gärtnert, bekommt möglicherweise weniger Komplimente von den Nachbarn, schon gar nicht von den ordentlichen. Aber Sie gärtnern in Frieden und fast wie im Paradies.

Über wühlende Vandalen und Gartenrabauken

Warum die Unruhestifter trotz nervigen Verhaltens auch gute Eigenschaften haben

Vielleicht kennen Sie diese Typen: Den Schleimer und die Streberin, den Coolen und die Diva, den Nerd, den Looser, die Graue Maus, den Klassensprecher und den Kasper – diese und noch einige andere typische Rollen gibt es in jeder Gruppe, ob im Verein, in der Firma, in der Schulklasse. Natürlich sind das Klischees, natürlich ist Streber nicht gleich Streber, den Klassensprecher gibt es als patentes, verantwortungsbewusstes, sozialkompetentes Organisationstalent oder als anstrengenden Lehrerhelfer.

Nun ist es nicht so, dass die Natur ihre ökologischen Nischen ähnlich verteilt, aber wir Menschen machen auch hier gerne solche Zuschreibungen: scheu, nützlich, schädlich, wild, zahm, schön, verfressen, invasiv. Auch das ist Natur, wir Menschen sortieren gerne, das macht das Leben einfacher und ist übrigens auch ein ökologisches Erbe. Denn unser Gehirn ist faul. Damit es nicht so viel Energie beim Denken verbraucht, stellt es gerne auf Autopilot. Früher galt: Rascheln im Gebüsch? Weglaufen. Feind oder Säbelzahnkatze. Heute gilt: Schublade auf, Klischee rein. In der Natur wie in der Schule.

Moderne Pädagogen bemühen sich ums Gegensteuern, wir sollen wertschätzend und vorurteilsfrei, ressourcenorientiert über Menschen reden. Darüber wird viel gewitzelt und zumindest ist es ungewohnt. Aber es ist eine große Chance für den Frieden und auch im Garten können wir uns davon eine Menge abschauen.

Denn: Wer dem anderen keine bösen Absichten unterstellt, fühlt sich auch nicht angegriffen, ist kein Opfer und kann nüchterner und besser reagieren. Friedlicher.

Ein Beispiel – wenn auch nicht aus dem Garten, sondern eher aus dem Frankfurter Palmengarten und anderen Parks – ist die Nilgans. Nicht alle werden sie aus eigener Anschauung kennen, aber von ihr gehört haben. Wer sie kennt, weiß, dass es eine Achtsamkeitsübung ist, wertschätzend von ihr zu reden. Eigentlich sind es sehr schöne Tiere und sie wurden bereits in der Antike als Ziervogel gehalten. Nilgänse sind wenig scheu, und wo sie auftauchen, werden sie sicherlich fotografiert und gefüttert. Vielleicht ist es ein Paar und sie brüten und bekommen niedlichen, flauschigen Nachwuchs. Werden gefüttert und so weiter. So ist es im Palmengarten geschehen und mittlerweile sind es so viele, dass sie ins Frankfurter Umland ausschwärmen, die Zutaten für die berühmte Grüne Soße von den Äckern fressen und sich den Frankfurtern im Freibad und in Parkanlagen mehr und mehr von ihrer energischen Seite präsentieren. Gewohnt, gefüttert zu werden, fordern sie es mit Nachdruck ein. Sind Küken da, sind die Eltern vorsorglich rabiat gegen alles und jeden, Hunde, Jogger, Spaziergänger. Gegenüber anderen Enten und Gänsen stellen sie sich an

Noch mehr Neubürger: Nutria, Bisam oder Biber

Der Bisam wird auch Bisamratte genannt und wurde wie die Nutria bei uns gehalten, um Pelze zu züchten. Bisame sind maximal 30 Zentimeter lang, Nutrias doppelt so groß. Sie sehen eher wie riesige Meerschweinchen aus und haben orangene Zähne. Noch größer ist der Biber, sein flacher Schwanz macht es leicht, ihn von den anderen zu unterscheiden. Am meisten Konflikte gibt es mit der Nutria. In Ostdeutschland gab es nach dem Zweiten Weltkrieg einen richtigen Nutria-Boom, um für den Westen Pelzmäntel zu produzieren. Ihr Fleisch wurde gegessen, zum Teil wurden sie auch als lebende Rasenmäher eingesetzt und um Teiche frei von Grünzeug aller Art zu halten, ihrem Lieblingsessen. Dann in den 1980er-Jahren und mit dem Ende der DDR war es vorbei, die Tiere wurden zum Teil einfach frei gelassen. Und sie kommen auch in der freien Natur gut klar. Allerdings durchlöchern sie mit ihren weiträumigen Wohnhöhlen Böschungen und Deiche.

erste Stelle, beim Fressen, beim Nisten, und wer auch was will, bevor er an der Reihe ist, wird angegriffen, verjagt oder getötet.

Als Schönling gedacht, zum Schädling geworden? Neutral könnte man sagen: Ein Gänsevogel, der seit einiger Zeit in Deutschland lebt und mit dem es Konflikte gibt, die man sich einfach mal anschauen muss, um sie zu lösen. Weniger Füttern wäre schon ein großer Fortschritt.

Die Nilgans ist neu in unseren Breiten und nicht im jahrhundertealten kollektiven Gedächtnis mit Geschichten, Mythen und Bildern verankert. Es wäre ein Leichtes, neutral darüber zu urteilen und nicht gleich bei ihrem Anblick in Panik zu verfallen. Aber sie landet genauso in einer der Schubladen, in dem viele einheimische Tiere schon lange stecken.

Einen Maulwurf live gesehen, erlebt und vielleicht sogar angefasst, das haben viele von uns vielleicht noch nie. Aber wir alle haben das Gefühl, ihn ganz genau zu kennen. Für den Maulwurf gibt es sogar zwei Schubladen. Einmal: Schädling, der unterirdisch den Garten zerstört. Oder: ein Schönling und ein Naturbursche, ein Symbol gegen Umweltzerstörung und Flächenfraß. Und es gibt sogar noch mindestens eine dritte: Im Kinderbuch ist er beispielsweise ein gemütlicher alter Herr, der sich von einer etwas überspannten Grille den Winter über etwas auf der Fiedel vorspielen lässt.

Ganz nüchtern betrachtet, ist er ein kleiner Säuger, Einzelgänger und Insektenfresser, der Gänge gräbt und unter Naturschutz steht.

Hallo, jetzt rede ich: der Maulwurf

Also, ich muss sagen, da war ich ein bisschen konsterniert, da machen Sie hier so ein Buch über Plagegeister und die gibt es, weiß Gott. Gerade eben habe ich mich wieder mit so einer Wühlmaus gezofft und ihr gezeigt, wo es langgeht. Und dann gibt es ja auch noch die, die immer meine Hügel platt treten und stinkendes Zeug, Knoblauchsud und Buttersäure, in die Gänge schütten und Lärm machen, mit einem Radio in der Blechdose, eine Quälerei. Ich rieche und höre extrem gut. Das brauche ich zum Jagen. Ein Insekt oder einen Wurm höre ich auf 200 Meter Entfernung, so lang sind nämlich meine Tunnel, dann bin ich in Sekundenschnelle da und: happs. Beim Gängeschaufeln bin ich nicht ganz so schnell, aber sieben Meter pro Stunde schaffe ich auch, meine Vorderbeine sind wie Grabschaufeln und damit fräse ich durch die Erde wie eine Tunnelbaumaschine. Weil die Luft hier unten dünn ist, habe ich viel Hämoglobin im Blut, sodass ich ziemlich fit und flink bin.

Jedenfalls, was ich sagen wollte: Wühlmaus und Hügelplatttreter, *das* sind Schädlinge. Und dann bin *ich* auf dem Titelbild. Entschuldigen Sie mal bitte. Ich bin nicht wirklich blind, auch wenn ich nicht so gut sehen kann. Muss ich auch nicht hier unten im Dunkeln und bei meinem Wahnsinnsgehör. Was ich aber weiß, ist, dass ich eins der schönsten Tiere bin. Haben Sie schon mal mein Fell gestreichelt? Das war bei Euch sogar mal als Pelzmantel total modern, zumindest auf Zylinderhüten üblich und am Smokingkragen. Nicht, dass ich es toll finde, wenn man unsereins jagt und als Kleidung verwertet, aber ich erzähl das mal so, damit Sie sehen, wie besonders mein seidenweiches, rabenschwarzes Fell ist. Und ohne Strich gewachsen, damit ich mich gleich gut vorwärts und rückwärts in meinen Gängen bewegen kann.

Meine unterirdischen Röhren sind feinste Handarbeit und wirken wie ein Drainagesystem, sie lüften und lockern den Boden. Im Sommer grabe ich 40 Zentimeter tief, im Winter bis zu einen Meter, da ist es kälter und ich muss tiefer runter, um an die Insekten zu kommen. Ja, die Erde muss dann irgendwann wieder raus. Dass Euch die Haufen so stören, ernsthaft? Wer den Anblick nicht mag, kann die Maulwurfserde doch einfach ernten, ich brauche sie nicht wirklich. Nur die Löcher, die brauche ich zum Belüften der Gänge. Zuschütten bewirkt nichts, dann muss ich ein neues Loch graben.

Frieden ist mir wurscht. Aber wir könnten eine Abmachung treffen: Ihr lasst mich in Ruhe und ich fresse 'ne Menge Zeug weg, das Ihr nicht mögt: Engerlinge, Fadenwürmer, Schnecken. Okay, auch Regenwürmer, die mögt Ihr seltsamerweise, die hatten wohl mal 'ne Imagekampagne. Egal, ich find sie auch lecker. Trotzdem Deal?

Weil Maulwürfe unter Naturschutz stehen, ist es verboten, sie zu stören und zu verjagen oder gar zu töten. Insofern sollte man auch von den harmlosesten Hausmitteln absehen und sich freuen, dass sie da sind, oder sie zumindest dulden. Aber er ist ein gutes Beispiel dafür, wie das Image eines Tieres, ob gut oder schlecht, total an der Realität vorbeigeht. Er ist weder ein Schädling noch ein Sympath. Ihn zu hassen, ist ebenso wenig angebracht, wie ihn zu lieben. Mit seiner Beute ist er nicht sehr zartfühlend. Wenn er sie nicht sofort frisst, beißt er ihnen in den Nacken oder ein Stück Kopf ab. In einer speziellen Vorratskammer hält er die so gelähmten Tiere wie Frischfleisch für das nächste Hüngerchen. Wer in seinen Gängen auftaucht und zu groß ist, gefressen zu werden, wird verjagt. Mit möglichen Rivalen hat er sowieso null Toleranz. Seinem Weibchen verpasst er nach der Begattung eine Art Keuschheitsgürtel aus hartem Schleim, nach ihm kommt keiner, dann darf sie wieder ihrer Wege ziehen. Ein solcher Schlägertyp hat in manchen Kreisen ein übertrieben gutes Image, während bei der eigentlich sanften, vegetarischen Wühlmaus selbst Naturfreunde zumindest verbal zu starken Geschützen greifen. Aber sie vergreift sich eben auch an unseren Baumstämmen, Gemüsewurzeln und Tulpenzwiebeln.

Andere Tiere, andere Fortpflanzungssitten

Der Keuschheitsgürtel des Maulwurfs macht evolutionär Sinn, weil beide nach der Paarung ihr Leben als Einzelgänger wieder aufnehmen und die Auserwählte nicht weiter unter Beobachtung steht. Alle Tierarten und auch wir Menschen, haben Wege gefunden, Konkurrenz um die Eizelle auszuschalten. Monogames Zusammenleben ist dabei jedoch kein Garant. So bleiben viele Vogelarten zusammen, bis einer der Partner stirbt. Was aber nicht heißt, dass die Eier im Nest vom Lebenspartner stammen. Je nach Art sind 30 bis 80 Prozent Kuckuckskinder.

Hallo, jetzt rede ich: die Wühlmaus

Wissen Sie, was mein Problem ist? Ich finde das ja ein bisschen eintönig, was in manchen Gärten wächst, da kann ich dann auch nicht anders, als Pfingstrosenwurzeln, Gras und junge Obstbäume anzunagen. Von irgendwas muss man ja leben. Was gäbe ich da für ein paar Quecken, ach, oder Topinambur, Klee und ein paar Kräuter. Reicht schon, dass ich mich immer mit den Maulwürfen streiten muss. Dabei will ich doch überhaupt nicht an deren Fressen. Haben Sie das mal gesehen, was der mit den armen Regenwürmern macht? Kein schöner Anblick. Und wenn eine von uns ihm in die Hände fällt, dann Gnade Gott. Noch schlimmer sind allerdings Gärten, in denen Marder unterwegs sind oder Eulen, Wiesel, Füchse oder womöglich Katzen. Die schnappen sich unsereins und fressen uns und unsere Babys auf. Der Maulwurf vermöbelt uns nur. Und dann ist er auch noch so eingebildet. Ich bin aber auch ganz niedlich, ziemlich groß für eine Maus, kurzer Schwanz und ansonsten eher rund und ziemlich knuffig.

Obwohl, nicht alle mögen den Maulwurf. Er kriegt das gleiche Programm ab wie wir: Beschallung, vergorene Milch, Knoblauch, andere stark riechende Pflanzen wie Tagetes oder Königslilie. Vielleicht gar nicht mal mit Absicht. Manche können ja noch nicht mal einen runden hohen Maulwurfshaufen von meinem länglichen flachen Erdaufwurf unterscheiden. Und genauso wenig wie den Maulwurf könnt Ihr uns mit Euren Abwehrpflanzen oder Schallwellen beeindrucken. Und wenn es nach Knoblauch stinkt, graben wir einfach einen neuen Gang. Mit unserer Buddelei lockern wir den Boden auf – genau wie die Maulwürfe –, bringen Luft hinein, Wasser kann bes-

ser abfließen. Und, ich weiß, Ihr seht uns nur als Zerstörer, aber aus Sicht der Natur schaffen wir Neues: Weil wir stellenweise die Pflanzen wegfressen, entstehen Lücken und neue Arten können keimen und wachsen, die sonst in dicht geschlossenem Bewuchs keinen Platz finden würden. Die durchgelockerte Erde unserer Haufen bietet diesen Neulingen außerdem gleich ein schönes Saatbett. Ihr könnt sie auch nutzen, wenn Ihr was einpflanzt oder umtopft, als Pflanzerde, gesiebt und mit Sand und Kompost gemischt. Zwar ist sie nicht ganz so feinkrümelig, pflanzen- und insektenfrei wie die vom Maulwurfshügel, ja, der buddelt noch ein bisschen tiefer. Aber sie ist torffrei und auch noch ganz umsonst.

Also, mein Vorschlag zur Güte wäre: Das, was Euch wichtig ist, das wir nicht anfressen sollen, steckt Ihr beim Pflanzen in einen Korb. Am besten aus Metall, dann merke selbst ich, dass ich da nicht dran soll. Ich will ja nichts Böses, sondern auch nur in Frieden leben.

Welches Image ein Tier hat, ist nichts zeitlos Absolutes, sondern wandelt sich im Laufe der Jahrzehnte. Ein typisches Beispiel ist das Eichhörnchen: Es ist so niedlich und possierlich, mit dem puscheligen Schwanz und den kleinen Haarbüscheln an den Ohren. Und wie geschickt es mit den kleinen Pfötchen ist, wie ein kleines Äffchen. Tatsächlich kann man dem flinken Flitzer beim Toben und Klettern stundenlang zuschauen. So denkt man heute. Früher galten Eichhörnchen als Schädlinge, weil sie Nüsse fraßen und auch überall verbuddelt und dann vergessen haben. Neben dem Ernteverlust produzierten sie also auch noch eine Heiden-Unordnung. Sie räuberten Vogelnester aus und wurden mit großem Einsatz gejagt. Das Fell war gut für Kleidung, das Fleisch für die Suppe. Seit wir sie nicht mehr essen, ob müssen oder möchten, finden wir sie ausnahmslos süß, obwohl sie immer noch Unordnung machen und Singvogelbabys fressen.

Und für eine weitere Geschichte sind Eichhörnchen exemplarisch gut. Als die neue Eichhörnchenbegeisterung auf dem Höhepunkt war, holten die Briten zu ihren einheimischen roten Eurasischen Eichhörnchen die nordamerikanischen Grauhörnchen zu sich auf die Insel. Die kamen wunderbar klar, waren etwas größer als die Einheimischen und noch weniger zimperlich mit ihrem Speisezettel, zur Not versorgten sie sich aus den

Abfallkörben. Die Grauhörnchen wurden immer mehr, die heimischen Eichhörnchen immer weniger. Millionen gegen Tausende. Artenschützer forderten in jüngster Zeit, die Grauen am besten wieder auszurotten. Nun sind die Grauhörnchen aber über die Jahrzehnte für viele Menschen fester Bestandteil der Natur und ein Erlebnis, das sie gerne betrachten möchten. Abgesehen davon, was für ein Projekt, Tausende Tiere zu töten, weil ... Ja, warum eigentlich genau? Weil ein Schädling zum Lieblingstier wurde, wegen dem ein anderes absichtlich eingeführtes Lieblingstier zum Schädling wird. Oder so.

Während die Debatte tobte, haben sich die Tiere und die Natur in einigen Gebieten Großbritanniens bereits miteinander arrangiert, die Bestände der beiden scheinen sich zu stabilisieren. Ein Grund: Baummarder fressen sehr viel häufiger Grauhörnchen als Eurasische Eichhörnchen. Die leichten Dinger entwischen leicht über dünne Äste, wo der kräftige Marder nicht mehr nachkommt. Den großen Grauhörnchen gelingt das nicht so leicht.

Manche Tiere tragen anders als die Eichhörnchen ihr Image seit Jahrhunderten unverändert mit sich herum, wie die Elster, deren Zuschreibung »diebisch« ein geflügeltes Wort ist und die manchmal sogar als Synonym für menschliche Diebe verwendet wird.

Schlaue Elster

Intelligenzunterschiede gibt es bei Tieren sehr wohl, und damit ist nicht nur die Alltagsschläue gemeint. Wir Menschen sind immer auf der Suche nach so etwas wie einem Bewusstsein von sich selbst, Plänen in die Zukunft, Logik und Gefühlen. Dazu wird der »Spiegel-Test« verwendet: Das Tier bekommt einen Farbklecks irgendwo hin, direkt neben die Schnauze oder den Schnabel, da kann es den Fleck nicht sehen – nur wenn es in den Spiegel schaut. Manche Tiere interessiert es nicht, noch nicht mal ihr Spiegelbild. Manche versuchen mit dem Spiegelbild wie mit einem Artgenossen zu kommunizieren. Und manche beginnen, sich dann genau an der Stelle zu putzen, das heißt, sie müssen sich im Spiegel als sich selbst erkannt haben. Elstern haben diesen Test bestanden. Schneller übrigens als Menschenaffen, Delfine und Elefanten.

Hallo, jetzt rede ich: die Elster

Ja ja, ich weiß schon, was Ihr denkt, die linke, raffgierige, Küken mordende Elster ist natürlich auch in dieses Buch gehopst, um an ihrem ramponierten Image zu polieren, bis es blitzeblank ist wie das von ihr geklaute Silberbesteck. Oder sollte ich sagen, wie mein Gefieder? Darauf bin ich nämlich sehr stolz. Das ist nicht einfach nur schwarz-weiß, da sind Metalliceffekte drin, es schimmert von Grün und Blau bis Violett, je nach Lichteinfall.

Das mit dem Diebstahl, das stimmt nicht. Da haben sich nun wirklich Forschergenerationen daran abgearbeitet und Hunderten von Elstern Glitzerdinge angeboten. Die meisten meiner Kollegen dachten meist gar nicht daran, irgendwas davon mitzunehmen, im Gegenteil. Also mich wundert das nicht, man ist doch einfach erst mal vorsichtig, nicht wahr? Nur weil wir Rabenvögel neugierige Tiere sind, nehmen wir doch nicht gleich alles in den Schnabel. Ja, manchmal nimmt auch mal einer was mit. Das passt dann ins Bild und dann seht Ihr Euch bestätigt. Auch wenn es nur eine von 100 war und damit 99 Prozent nichts geklaut haben. Na ja, Euer denkfaules Gehirn mal wieder.

Andererseits habt Ihr schon immer ein gespaltenes Verhältnis zu uns. Zur Zeit der Germanen waren wir Götterbote und Todesvogel gleichzeitig, als Vogel der Todesgöttin Hel. Im Mittelalter kam dann die Sache mit den Hexen dazu, ein ganz unrühmliches Kapitel. Für Euch. Wir sind nur Aasfresser, wie andere Rabenvögel auch, und dann schaut man eben auch auf einer Hinrichtungsstätte vorbei. Schon waren wir Hexenvögel. In Asien sind wir allerdings Glücksbringer und auch bei den Indianern geachtete Geistwesen.

Ganz grundsätzlich sind wir unkompliziert. Allesfresser und auch bezüglich des Lebensraums nicht zimperlich. Klar, offene Landschaften mit Büschen und Bäumen, Felder mit Hecken, das ganze romantische Landlustprogramm ist toll, aber zur Not lebt es sich auch in der Stadt. Im Park gibt es Müll zu fressen, überfahrene Tiere finden wir an Straßenrändern, in Euren Gärten liegt auch genug rum. Dazu Früchte, Samen, Regenwürmer, Insekten und ja, auch mal ein Vogelnest. Was Ihr da immer mit Euren Singvögeln habt, ehrlich. Die kacken alles voll und vernichten Eure heiß geliebten Insekten. Aber sie tun immer so niedlich und hopsen und tirilieren und flattern. Was, wenn ich Euch sage, dass da, wo Elstern sind, auch ganz besonders viele Singvögel leben? Weil das dann eben nicht nur tote Kies-Lebensbaum-Rasen-Landschaften sind, sondern Stellen mit viel Gebüsch und Gestrüpp, wo wir alle genug Nahrung finden und die kleinen Vögelchen immer gut in Deckung gehen können, wenn die Großen hinter ihnen her sind. Und das sind ja nicht nur räuberische Vögel. Sondern auch Katzen, Marder und Eichhörnchen.

Elstern stehen unter Naturschutz. Nester kaputt machen, die Elstereltern von ihren Nestern fernhalten, damit die Brut verhungert, jagen, Fallen aufstellen, vergiften, alles verboten. Dass die großen Vögel manchmal in großen Gruppen unterwegs sind, ist kein Grund, in Sorge zu verfallen und eine Elsterplage kommen zu sehen. Das sind dann meist die Junggesellentrupps. Zu alt, um bei den Eltern zu wohnen, zu jung, um eine Familie zu gründen. Die schließen sich dann zusammen und genießen ihre Jugend. Und machen Blödsinn. Das kennt man aus der Menschenwelt und es scheint auch bei Rabenvögeln üblich zu sein. In Berlin zum Beispiel picken sie die Gummidichtungen vom Dach des Hauptbahnhofs, im

Fußballstadion von Hannover 96 zerhacken sie ebenfalls das Dach, auf der Suche nach Insekten und ein bisschen Spaß.

Mögen diese Schwärme einen anderen Eindruck vermitteln, insgesamt werden Rabenvögel weniger. Deshalb, um das Thema Rabenvögel wertschätzend abzuschließen: Verteidigen Sie Ihr Amselnest und Ihr Dach. Aber trachten Sie den Elstern nicht nach dem Leben. Das überlassen Sie denen, die die Natur dafür vorgesehen hat: Greifvögeln, Eichhörnchen, Mardern.

Alles Marder oder was?

Im biologischen Sortiersystem heißt die ganze Artenfamilie »Marder« so, auch Otter, Wiesel, Iltis, Frettchen oder Nerze gehören dazu. Wer »einen Marder auf dem Dachboden« hat, meint in aller Regel den Steinmarder – und sollte dann einen Experten dazu holen. Im Haus kann es sehr unschön mit ihm werden und nur weil wir ihm nicht ans Leben wollen, heißt das nicht, dass er alles darf. Und im Haus haben wir das Sagen. Im Garten sieht es schon wieder anders aus. Steinmarder leben eigentlich in Felslandschaften, die steinernen Strukturen in Städten und Dörfern sind also ideal. Der optisch sehr ähnliche Baummarder lebt lieber da, wo er Stämme hochklettern und Eichhörnchen und Vögel jagen kann.

Hallo, jetzt rede ich: der Marder

So, sorry, ich hab nicht viel Zeit, hab einen andern Marder gerochen und das geht nicht, da muss ich gleich mal hinterher ... Aber oft ist es nur das Auto, das so riecht, weil es tagsüber bei dem im Revier stand ... Arrgh, da werde ich schon so sauer. Das tut mir dann ja auch leid, aber mit mir geht es echt durch, vor allem im Frühjahr, wenn wir uns paaren, und im Herbst, wenn wir Schlaf- und Ruheplätze suchen. Ich packe mir dann alles und jeden, mit dem Revier nehmen wir es ernst, es ist ja so schwer, überhaupt eins zu finden. Wir Steinmarder leben ja eigentlich in Fels und Geröll, aber in den Städten und Dörfern zwischen Steinen und Holzstapeln haben wir uns inzwischen auch eingerichtet, auch in Scheunen oder auf Dachböden. Eure selbst gemachten Felsen sind schon ganz okay. Bei Euch ist Platz, hier rennen wir rum, ja, manchmal sind wir laut und lebensfroh. Und stimmt, wir lassen unsere Hinterlassenschaften auch in unserem Bau. Wir sind Einzelgänger, da wird man nachlässig, das müsst Ihr schon entschuldigen. Außerdem weiß dann auch ein potenzieller Eindringling gleich, dass dort schon besetzt ist.

In den Stadtfelsen und in Euren Höhlen finde ich alles, was ich mag, und ich mag vieles: Obst und Eier, Pflanzen, Müll, Mäuse, Ratten, Vögel. Zum Glück für sie gibt's hier wenig Hühner, und wenn, dann sind sie nachts meistens im Stall. Wobei ich schon ziemlich viele Lücken finden kann, ich bin schmal und kann gut klettern und auch dünnen Draht durchbeißen, Netze sowieso. Vor allem, wenn da ein fettes Hühnchen lockt. Dabei will ich das gar nicht. Obwohl, doch, eins schon. Aber das, was dann passiert. Das ist leider ein unrühmliches Kapitel. Also, ich schnapp mir eins und dann drehen die anderen durch und flattern und zetern und dann setzt es bei mir aus, das Geflattere ist jedes Mal ein neuer Auslöser für mich, zuzubeißen. Vielleicht wie Ihr das von einer Tüte Chips kennt, auch wenn es aus Eurer Sicht ein pietätsloses Beispiel ist. Man hört nicht auf, egal, ob man schon satt ist, bis zum letzten Krümel ...

So, jetzt muss ich wirklich nach dem Rechten sehen in meinem Revier, dieser Geruch ... vielleicht war es eins von meinen Weibchen, jedes hat ihr Revier, aber ein paar von denen überlappen sich mit meinem, das ist praktisch. Man hat ein bisschen Spaß, aber ansonsten seine Ruhe.

Marder sind eher etwas für die Schublade »Schulhofschläger«: immer drauf, ob Rivale oder Beute, überlegen kann man dann ja hinterher. Als Gartenbewohner hat er eine große Qualität, er frisst Mäuse und auch Ratten. Wer einen Marder im Revier hat, ist mit dem Thema ziemlich durch. Sich natürliche Feinde als Freunde in den Garten zu holen, ist also in jeder Größenordnung gut, ob beim Thema Blattlaus oder Maus.

Nur ab einer bestimmten Größe wird es schwierig. Bei Wildschweinen etwa, die es auch immer häufiger in und bei unseren Gärten gibt. Oder zumindest auf den Äckern. Nicht weil sie im Wald zu wenig Futter finden, sondern weil so viel so einfach zu finden ist. Mais, Raps oder Gartengemüse, und das oft direkt am Waldrand, und dann ist es in die Dörfer und Städte auch nicht mehr weit. Und anders als früher lassen wir Menschen sie gewähren und sie brauchen nicht mehr auf der Hut zu sein. Obelix und die Wildschweinbratenvöllerei, das ist ja nicht nur ausgedacht.

Allerdings wäre es sehr ökologisch, diese Tiere zu jagen und zu essen: wild und artgerecht aufgewachsen, statt mit hohem CO_2-Output in Massentierhaltung produzierte Mastschweine. Als natürliche Gegenspieler gibt es eigentlich nur Bären, Wölfe und Luchse und die will man nicht unbedingt im Garten – und sie würden auch nicht kommen. Auch das gute Hilfsmittel Zaun ist beim Wildschwein seiner schieren Größe und Kraft wegen schwierig. Gegen sie vorzugehen, muss man deshalb den Fachmenschen überlassen.

Schweine in der Karibik

Auf den Bahamas gibt es einen Strand, an dem schwimmende Hausschweine eine Touristenattraktion sind – vermutlich sind sie genau deswegen auch dort angesiedelt worden. Andere Theorien besagen, Reisende oder auch Piraten hätten die ersten Tiere vor Jahrhunderten ausgesetzt, um immer frisches Fleisch zu haben. Oder die Schweine könnten Überlebende eines Schiffsuntergangs sein. Wie auch immer, man kann Bootstouren zum »Pig Beach« buchen: Die Schweine springen dann vom Strand ins Wasser, schwimmen den Touristen entgegen und lassen sich streicheln. Sicher ein schönes Erlebnis – für die Schweine aber manchmal ein bisschen viel, besonders, wenn jemand für ein besonderes Foto auf ihnen reiten will oder wenn sie mit vermeintlichen Leckereien wie Chips oder Cocktails gefüttert werden.

Hallo, jetzt rede ich: das Wildschwein

Ja, ein Zaun ... also ich werde ziemlich groß und schwer, Grenzen merke ich nicht, solange man einfach durchgehen kann. Dass wir so stark sind, fällt nicht weiter auf, wenn wir Keiler, Bachen und Frischlinge unter uns sind. Wenn wir Euch in die Quere kommen und die Gegebenheiten nicht auf 250 Kilogramm Muskelpakete ausgerichtet sind, dann aber schon. Vor allem weil wir nicht mehr nur versteckt im Wald leben, nicht von Wölfen und Luchsen gejagt werden und weil wir rund um die Uhr damit beschäftigt sind, unsere Prachtkörper mit Eicheln, Blättern, Käfern und anderem Energiefutter zu versorgen. Wir kommen gut klar als Allesfresser, wir wühlen auch Wurzeln aus der Erden und Insekten und so. Hauptsache, der Boden ist nicht zu lange gefroren und es gibt auch Wasser. Wer so viel frisst wie wir, der braucht auch mal einen Schluck, um es runterzuspülen, deswegen leben wir so gerne in feuchten Wäldern, wo es auch mal matschig ist. In den Pfützen und Tümpeln kann man auch noch baden und suhlen.

Im Wald stört es nicht, dass wir keine Feinmotoriker sind. Wo unsere Rotte auf Futtersuche war, sieht es entsprechend aus. Die Erde durchwühlt und umgepflügt. Wir sind keine Jäger, sondern Sammler. Dabei lockern wir auch den Boden, fressen Schädlinge und Wühlmäuse. Wir fressen auch tote

Tiere, die an Krankheiten oder durch einen Autounfall gestorben sind. Was im Wald gut ist, ist im Garten weniger gut, sagt Ihr? Woher sollen wir das wissen?

Uns darauf aufmerksam zu machen, dass wir unerwünscht sind, und dabei zu fuchteln und zu schreien, ist nicht ungefährlich. Uns lässt man besser in Ruhe, wir sind ein bisschen launisch. Gerade wenn ein Keiler Konkurrenz wittert oder eine Mutter ihren Nachwuchs in Gefahr sieht, dann greifen wir umstandslos an. Wenn ein Wildschwein schnaubt und bläst, den Schwanz aufstellt, mit den Zähnen klappert ... dann sollte man aufpassen. Ruhe bewahren und sich langsam zurückziehen. Am besten irgendwo hochklettern und auf keinen Fall hektisch werden und wegrennen.

So, und wenn Ihr jetzt einen wildschweinsicheren Garten haben möchtet: Was wir nicht kaputt kriegen, ist ein stabiler Zaun aus Metall, Beton, Holz und Draht. Da wir sehr gut springen können, muss der Zaun etwa 1,50 Meter hoch sein. Und lasst unten ein paar Schlupflöcher, damit der Rest der Natur durchkommt. Und für alle anderen pflanzt Ihr noch eine schöne Hecke davor.

Wildschweine sind zwar groß in den Medien, wenn sie beispielsweise durch Berlin vagabundieren, aber in der Menge der Gärten hierzulande kein großes Problem. Das viele gute Essen im Müll ist für sie ein Grund, sich so in unsere Nähe zu wagen. Es gibt immer was zu fressen. Müllvermeidung ist das erste Mittel, um sie fernzuhalten, das zweite dann keine Speisereste auf den Kompost, gelbe Säcke erst kurz vor der Abfuhr vor die Haustür legen und den Deckel an den Mülltonnen mit speziellen Vorrichtungen verschließen. Ein starker Expander oder ein Schloss tun es auch, je nach Mülltonnenmodell.

Wer so sorgsam mit seinen Abfällen umgeht, der hat auch mit anderen Kulturfolgern wenig Ärger und Konflikte. Denn der Müll weckt bei Vögeln, Ratten und Füchsen Begehrlichkeiten, besonders auch bei Waschbären.

Hallo, jetzt rede ich: der Waschbär

Waschbären heißen wir, weil wir uns und unser Fressen oft waschen. Warum wir das machen? Ehrlich gesagt, es ist so eine Angewohnheit. Warum bohrt Ihr in der Nase? Eure Forscher haben schon viel darüber nachgedacht. Die einen sagen, weil dann unsere Pfoten genauer spüren, was wir in der Hand haben, oder weil wir eben viel im und am Wasser jagen und deswegen den Tick haben, auch anderes unter Wasser zu stecken. Und es gibt bei Euch lustige Filmchen, in denen zu sehen ist, wie ein Mensch einem Waschbären Zuckerwatte gibt und der die natürlich ins Wasser steckt und sich dann wundert, dass das Fressen weg ist. Ooh, süüß. Ihr findet uns sowieso so süß. Das flauschige Fell, der Ringelschwanz, der sweete Blick und dann diese süße schwarze Verbrechermaske. Normalerweise bin ich auf jedem Tierbuch auf dem Titelbild, auch wenn ich gar nicht groß darin vorkomme. Dieses Buch hier ist mal eine Ausnahme.

Aber manche von Euch sind auch maximal genervt von uns. Dabei denken wir eigentlich, wir geben uns Mühe, keinem zur Last zu fallen. Wir sind anpassungs- und lernfähig, kommen in Euren Parks, Grünanlagen und Siedlungen klar, leben dann in Baumhöhlen, alten Fuchsbauen, in Schuppen und Ställen. Hätte auch anders sein können, damals, als wir die Pelztierfarmen verlassen haben. Deswegen sind wir nämlich überhaupt hier. Eigentlich kommen wir aus Nordamerika. Und dann haben Jäger uns ausgewildert, weil sie Lust hatten, uns in der freien Wildbahn zu schießen. Immerhin, da war unser Fell noch was wert; jetzt diskutiert Ihr über eine Wiederausrottung. Weil wir nicht von hier sind. Und weil wir auch mal ein Vogelei essen, wir sind Allesfresser. Aber wir finden nur selten welche. Bodenbrüter wie den Kiebitz, die gibt es bei Euch kaum noch. Manche sagen auch, wir seien das Problem für den Kiebitz oder auch für Amphibien und Reptilien, die fressen wir ebenfalls. Aber je vielseitiger und strukturierter die Natur, umso weniger können wir sie fangen. Dann hört doch mal damit auf, in Euren Landschaften und Gärten dauernd Ordnung zu machen!

Bei uns Waschbären »die Populationsdichte zu reduzieren«, wie Ihr so verharmlosend sagt, das funktioniert sowieso nicht. Ein schlechtes Jahr, ein strenger Winter, ein neuer Lebensraum, der besiedelt werden muss – das

gleichen wir mit einer vermehrten Fortpflanzungsrate aus. Wo ein Tier »entnommen« wurde, kommt ein paar Wochen später ein neuer Waschbär.

Ein Problem ist das mit dem Aufs-Klo-Gehen. Also, wenn Du im Wald wohnst, dann gehst Du ins Gebüsch und da kümmern sich dann Horden an Zersetzern um Deine Hinterlassenschaften. Was gut ist, verwenden sie weiter. In Euren Garagen und Hinterhöfen funktioniert das nicht. Da sind wir ja oft, um in den Tonnen das Essen zu retten. Wir können gut riechen und wir sind neugierig, so finden wir alles, was noch gut ist, und probieren es auch, ob original verpackt oder schon zubereitet. Mit Klauen, Zähnen und unserem Geschick bekommen wir das meiste auf. Und wir kommen auch überall hin, wo was aufzumachen ist. Wie gesagt, ich bin nicht von hier, aber ich wundere mich doch über diese seltsamen Gepflogenheiten, Essen in den Müll zu werfen, von dem eine ganze Familie noch satt werden könnte. Eine Waschbärenfamilie auf jeden Fall.

Am Ende können wir wieder auf das Klassenclown-Prinzip zurückkommen, denn das kann man natürlich auch auf Gärtnernde anwenden: Da gibt es den Typ Hausmeister, der Tag für Tag den Mähroboter auf Streife schickt und jedes vorwitzige Kraut in den Pflasterfugen abflämmt, einmal im Monat mit dem Hochdruckreiniger durchgeht und beim ersten Laubfall den Laubsauger in Stellung bringt. Oder den Typ Ökopädagoge, der jedem, der es wissen will – oder auch nicht –, erklärt, dass Erdbeeren keine Beeren sind, sondern Sammelnussfrüchte, und dass seine so gut geraten sind, weil er ja noch das Geheimrezept für die Brennnesseljauche von seiner Oma hat. Es gibt die esoterischen Mondgärtner und die Tierfreunde, die ihre Erdbeeren den Amseln überlassen. Und die Krieger, die bei allem, was sechs Beine hat, nur noch an die Apokalypse denken können und froh sind, in ihrem Schuppen eine gute Sammlung an längst verbotenen Mitteln gehortet zu haben. Und es gibt die friedlichen Gärtner. Wenn Sie dieses Buch lesen, sind Sie vielleicht auf dem Weg dahin.

Über Neozoen und andere weit gereiste Neubürger

Wie sich Begrifflichkeiten verselbstständigen und warum Panikmache neue Probleme macht, statt Lösungen zu bringen

Erst mal: Leben ist Veränderung. Das ist prinzipiell gut, sonst wäre die Erde noch immer wüst und leer. Oder es gäbe noch Dinosaurier, Säugetiere wären eine Randerscheinung, Primaten und Menschen nicht erfunden. Oder wir säßen noch in den Höhlen der Nacheiszeit und würden uns von Wurzeln, Beeren und Pilzen ernähren.

Veränderungen an sich mögen wir Menschen dennoch im Allgemeinen nicht. Psychologisch betrachtet ist es wohl so, dass jede und jeder das gerne als Normalzustand nimmt, was sie und er als Kind bis zum Erwachsenwerden kennengelernt hat. Das ist normal und vertraut. Dass Veränderungen Ungewohntes bringen, liegt in der Natur der Sache, und dass der Mensch Altes vermisst und beim Gedanken an das Unbekannte unsicher ist, auch. Aber das neue Ungewohnte ist oft schon für die nächste Generation das Altgewohnte. Also ändert sich auch ständig, worüber die Menschen sich Sorgen machen. Die Gallier hatten Angst, der Himmel könnte ihnen auf den Kopf fallen, im Mittelalter waren es biblische Plagen und heute sind es die neu eingewanderten Pflanzen und Tiere, Neophyten und Neozoen, die für manche das Problem Nummer eins darstellen. Als Metapher für das Artensterben, weil die Veränderung der Natur daran für alle so offen sichtbar ist. Um das Thema zu verstehen, brauchen wir ein paar Begrifflichkeiten.

Fast alles, was typisch ist für unsere Landschaft, ist irgendwann von irgendwo hierher gekommen, denn nach der letzten Eiszeit gab es hier nur noch ganz wenige Arten, für die meisten war es lange einfach zu kalt. Mag die Kargheit für die wenigen Menschen damals die gewohnte Heimat gewesen sein, für uns heute wäre sie das nicht. Sondern eben das, was nach und nach wieder oder neu eingewandert ist: das Schneeglöckchen, das uns im Winter bezaubert und uns fröhlich stimmt, Äpfel und Birnen und verschiedene Getreidearten, begleitet von Klatschmohn, Kornblumen und anderen bunten Einjährigen mehr oder Hasen, Vögeln und Schmetterlingen.

Bis sie heimisch wurden, vergingen Jahrhunderte. Sie kamen zu Fuß und haben jeder ihren ganzen Tross an Begleitern mitgebracht, Parasiten und Krankheiten, Lieblingsfutter und Nahrungsspezialisten, die sie zum Fressen gern haben.

All diese Tiere, Pflanzen und Pilze nennt man Archäophyten oder -zooen und im Oberbegriff Archäobiota: alte Lebewesen, frei übersetzt aus dem Griechischen. Alle, die bis zu dem willkürlich, aber doch recht sinnvoll gewählten, weil einschneidenden Datum der Landung von Kolumbus auf dem amerikanischen Kontinent eingewandert sind, zählen zu den Archäobiota, alles, was danach kam und noch kommt, zu den Neobiota. Neo von neu.

Das Zeitalter des Kolumbus ist auch schon wieder mehr als fünf Jahrhunderte her und vieles Neue ist für uns längst altbekannt und heimisch. In den letzten Jahrzehnten hat sich alles noch mal beschleunigt. Heute kommen nicht nur ein paar Seefahrer, Händler und Weltentdecker von und nach Übersee, heute wechseln Waren mit dem Flugverkehr in wenigen Stunden den Erdteil, immer schneller kommen immer mehr neue Arten. Und andersherum ja auch, unsere Archäobiota wechselt auf die anderen Kontinente und siedelt dort als Neubürger.

Das Problem mit der Schnelligkeit ist, dass ein neues Tier auf einmal da ist, ohne den ganzen Tross an Begleitern, Parasiten und Krankheiten oder Nahrungsspezialisten. Ohne dass sich die Natur und auch die Gärtnernden vor Ort nach und nach auf sie einstellen konnten. Sie kommen ohne Feinde und werden nicht als Beute wahrgenommen. Dann können Neozoen und Neophyten den Naturhaushalt mancherorts durchaus durcheinanderbringen. Auch wenn bei uns bislang deshalb noch keine heimischen Arten wirklich ausgelöscht wurden.

Aber es kann passieren und es ist auch schon passiert. Kleine, abgeschlossene und sehr spezielle Ökosysteme wie Inseln sind besonders gefährdet. Die Seefahrer und Entdecker etwa hatten auf ihren Schiffen immer Ratten und dagegen auch immer Katzen an Bord. Und sie setzten auf kleinen Inseln Schweine und Ziegen aus, als lebendige Vorräte, um bei der nächsten Fahrt die Bestände auf dem Schiff wieder auffüllen zu können. Vögel und andere kleinen Tiere, Amphibien zum Beispiel, waren auf den Inseln nicht auf die Katzen vorbereitet, die Pflanzen dort nicht auf wühlende Schweineschnauzen und alles kahl fressende Ziegenmäuler. Einmal abgefressen, kam nichts mehr nach, den Inseltieren fehlten die Nahrungspflanzen. Den Rest fraßen die Ratten und am Ende war eine solche Insel zwar nicht wüst und leer, aber doch sehr anders bewachsen und bewohnt als vorher. Und es betraf nicht nur kleine Südsee-Eilande. Auch dem eher großen Island ist genau das passiert: Seit es besiedelt und von Schafherden beweidet wurde, ist weit über die Hälfte der ursprünglichen Vegetationsdecke geschädigt, mit all den Folgen für die eigentlich heimische Natur. Der Boden wird vom Wind verweht, vom Wasser weggespült. Und wenn die fruchtbare Schicht Erde erst mal weg ist, kann so schnell auch nichts mehr wachsen.

Im weiten, arten- und abwechslungsreichen Mitteleuropa passiert die Neubesiedlung in diesem Ausmaß wie gesagt selten. Auch wenn es sich manchmal so bedrohlich anfühlt, wenn wieder ein Neuling in Goldgräberstimmung ist, wie vor ein paar Jahren die Kirschessigfliege.

Exoten in freier Stadtwildbahn …

… gibt es im Rhein-Main-Gebiet, denn dort ist es schon vor der Klimaveränderung eher mild gewesen, sodass auch exotische Tiere die Winter überstehen konnten. Halsbandsittiche zum Beispiel gehören in vielen Städten mittlerweile dazu, die lebhaften grünen Vögel sind wohl Mitte des vergangenen Jahrhunderts aus einem Zoo entwichen und bilden nun stabile Populationen. Und in einem Moor in Nordrhein-Westfalen leben Flamingos: Sie stammen aus Zoos oder privater Haltung.

Hallo, jetzt rede ich: die Kirschessigfliege

Guten Tag, ich bin die Kirschessigfliege, eine Fruchtfliege und eine von vielen. Sehr, sehr vielen. Drosophila, dieses Wort und unsere berühmteste Verwandte, *Drosophila melanogaster,* kennt Ihr vielleicht, zumindest aus dem Biologieunterricht. Die Fruchtfliege, wie Ihr sie von zu Hause kennt, ist vermutlich entweder die Große oder die Kleine Fruchtfliege. Beide sind wenige Millimeter groß. Ihre Eier sind meist schon auf dem Obst oder anderen Lebensmitteln, wenn Ihr diese nach Hause tragt. Sind die Bedingungen gut – warm, sonnig und es gibt leckeres Essen, also in deren Fall faules und gärendes Obst –, vermehren sie sich schnell. Auch auf fertigen Alkohol stehen meine Verwandten, hab ich mir sagen lassen, vor allem die Männchen, die noch keine Frau abbekommen haben.

Aber ich bin *Drosophila suzukii*, irgendwer von Euch hat sich bei meinem deutschen Namen sehr sprachbildnerisch betätigt, weil ich Kirschen mag und deren Inneres nach meinem Besuch zu Essig wird. Aber ich mag natürlich nicht nur Kirschen, ich mag auch anderes Obst: Heidelbeeren, Himbeeren, Brombeeren, Pfirsiche, Pflaumen, Nektarinen, Aprikosen. Und ja, Weintrauben auch, bei Euch gibt es so viele, herrlich! Ich liebe frisches Obst, das noch an der Pflanze hängt. Kann ich ja nicht wissen, dass Ihr das ernten, verkaufen und essen wollt. Deswegen nennt Ihr mich Schädling, auch weil ich, vielleicht ist das an meinem wissenschaftlichen Namen schon aufgefallen, aus Südostasien komme. Vor gut zehn Jahren wurde ich hier »eingeschleppt«. Dieses Wort »eingeschleppt«, das stört uns so fürchterlich, mich und die anderen Neubürger. Als hätte ich mich entführen und verschleppen lassen.

Wissen Sie, bei uns Insekten, da gibt es jede Menge Krankheiten und Räuber, die uns an den Kragen wollen, und auch die Obstbauern haben mit der Zeit den Dreh raus, wie man Tierchen wie uns das Leben schwer macht. Enge Netze um das Obst, Fallen mit Lockstoffen aufhängen, solche Dinge. Immerhin, weil wir fast reifes Obst am liebsten nehmen, scheut man sich, Spritzgifte zu verwenden, recht so, denn sonst könnte man das Obst nicht mehr gebrauchen. Aber da hält sich auch nicht jeder dran.

Der weltweite Handel ermöglicht uns, auch mal woanders nach Lebensraum zu schauen. Und die Klimaerwärmung hilft uns auch. Dank der mil-

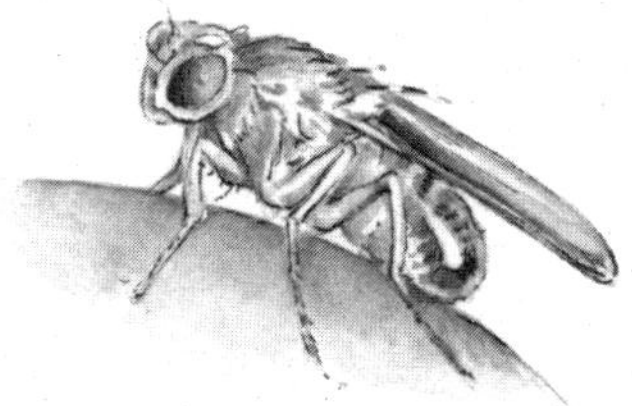

den Winter kommen von uns hier bei Euch auch genug durch und können dann das Futter von den Obstplantagen und Weinbergen in aller Fülle genießen. Ohne Vögel, ohne Obstbauern, ohne Parasiten und andere, die für uns bedrohlich werden könnten.

Wir geben uns wirklich Mühe, die Früchte sanft zu behandeln, unsere Weibchen benutzen winzige Handsägen, mit denen sie die Haut aufschneiden und die Eier hineinlegen. Unsere Kinder, die Maden, fressen dann das Fruchtfleisch, nur wenig, wirklich, es bleibt noch genug Frucht für andere übrig. Aber klar, es ist dann alles ein bisschen weich und matschig, der Saft tropft raus und das lockt dann auch Bakterien an, es fängt an zu gären. Das ist dann der Moment, ab dem die Frucht anfängt, zu faulen und nach Essig zu schmecken ... wie umgekippter Rumtopf, während das Obst noch am Baum hängt. Kann ich schon verstehen, dass Ihr das blöd findet. Aber was sollen wir machen?

Marienkäfer in Massen

Das passiert alle Jahrzehnte mal, bekannt ist das Phänomen in erster Linie von der Ostsee: Haufenweise sieht man Marienkäfer dann an Häusern, auf Straßen und Wegen, an Strandkörben und den Markisen von Cafés und Restaurants. Ob es wirklich Millionen sind, wie berichtet wird, wer weiß, aber es sind viele. Der Grund dürfte ein milder Winter und ein warmes Frühjahr sein, dann ist die Vegetation schnell und gut am Start und damit auch die Blattläuse. Viel Futter für Marienkäferkinder, von denen dann nicht nur ein paar wie sonst in normalen Jahren durchkommen, sondern jede Menge. Und dann jede Menge Eier legen und so weiter. Marienkäfer haben wenige Fressfeinde, also gebietet ihnen keiner Einhalt. Das ist natürlich nicht nur am Meer so, aber durch spezielle Windverhältnisse werden die Käfer hier quasi zusammengeweht – und manchmal auch auf und ins Wasser gedrückt. Die Brandung spült sie dann an und außer dass der Badegast sich von den vielen Käfern ein bisschen eingeengt fühlen mag, passiert nichts. Die Käfer überleben das Bad in den Wellen in der Regel, lassen sich von der Sonne trocknen und sind flugs wieder unterwegs.

Nach ein paar Jahren spielt sich alles ein bisschen ein. Die Menschen überlegen sich ihren Teil und werden umsichtiger, natürliche Gegenspieler kommen nach oder die heimische Security hat die Tierchen irgendwann auf dem Radar. Aber das wird natürlich dauern und wer Obstbauer oder Winzer ist, will nicht darauf warten, bis sich das Ökosystem auf den Neuankömmling eingestellt hat und sich wieder gute Ernten einfahren lassen. Im privaten Garten ist es maximal ärgerlich, bedroht aber nicht das berufliche Auskommen. Hier wie dort ist es wünschenswert, mit Augenmaß zu reagieren. Die Kirschessigfliege ist hier und wird hier bleiben. Aus den größten Schlagzeilen ist sie verschwunden, genau wie die Kastanienminiermotte, die inzwischen kein Alltagsgespräch mehr ist.

Hallo, jetzt rede ich: die Kastanienminiermotte

Ich nehme mal an, Sie kennen mich nur dem Namen oder dem Ergebnis nach. Wenn Sie jünger als 15 Jahre sind, kennen Sie mich vielleicht auch gar nicht mehr. Aber was war das für eine Aufregung um die Jahrtausendwende. »Killer-Motten bedrohen unsere Biergärten«, hieß es in Euren Medien, ich war Chefsache im Umweltministerium. Es gab Aktionen à la »Rettet unsere Kastanien – Motten stoppen – Blätter sammeln«, Schulklassen wurden zum Kastanienblättersammeln abgeordnet, ganze Straßenzüge trafen sich wochenends zum gemeinsamen Laubauflesen, Pärchen fanden sich, Nachbarn zerstritten sich. Und das, obwohl, da waren sich die meisten Fachleute bald relativ einig, die Kastanien durch die Motten im Großen und Ganzen nur optisch und nicht physisch geschädigt werden. Das Laub wird schon ab Juli braun und fällt ein paar Wochen früher als sonst. Ein ästhetisches Problem – vor allem für die Biergärten. Allerdings hat so manche ohnehin gestresste Kastanie – in der Stadt haben sie wenig Platz, dann die Abgase, Zigarettenkippen, Streusalz und so weiter – durch uns dann noch mal richtig einen mitgekriegt.

Damals war man überzeugt, dass zukünftige Generationen keine blühenden Kastanienalleen erleben würden, nicht unter ihren grünen Blättern Bier trinken und keine Kastanienmännchen mehr basteln könnten. Aber zum

Glück wisst Ihr heute davon kaum noch etwas und mich kennen sowieso die wenigsten. Ich bin auch nur ein kleiner Schmetterling, unscheinbar grünbraun mit knapp acht Millimeter Flügelspannweite. Wir legen unsere Eier in die Kastanienblätter, der Nachwuchs dreht dann im Blatt seine Runden und frisst es stellenweise auf. Wie kleine Minenarbeiter und deswegen heißen wir auch Minierer. An diesen Stellen vergilbt das ausgehöhlte Blatt. Das haben wir uns übrigens nicht alleine ausgedacht, das machen ganz viele Insekten so, Schmetterlinge, Fliegen und Käfer. Jeder hat da seine Lieblingspflanzen und sein eigenes Miniermuster. Oft sieht es sogar sehr hübsch aus, sehr ornamental wie mit Euren Glitzerstiften verziert. Die Minier-Community ist bei Parasiten und anderen Insektenfressern sehr begehrt. So im Blatt eingeschlossen, sind die Larven eine leichte Beute. Oft kommt nur ein Viertel und weniger von uns durch.

Aber wir waren damals, in Eurer Blättersammelphase, neu im Revier. Wir kommen ursprünglich vom warmen Balkan und erst die Klimaerwärmung macht es möglich, dass wir uns auch in Mitteleuropa dauerhaft wohlfühlen.

Keiner hatte uns auf dem Zettel, ein Fest, kann ich Euch sagen. Goldene Zeiten. Das ist mittlerweile doch anders geworden, seufz. Erzwespen, Schlupfwespen, Pilze, Fledermäuse, Meisen und andere Vögel warten nur darauf, dass unsere kleinen Larven aus dem Ei schlüpfen. Drei Generationen kriegen wir durch bis zum Herbst, die letzten im Herbst verpuppen sich und überwintern im Laub. Deswegen war damals auch Euer Mittel der Wahl, Laub zu sammeln und zu verbrennen. Kann es sein, dass es Euch vor allem wichtig war, die Leute zu beruhigen und sie selber etwas tun zu lassen? Im Rückblick sieht es jedenfalls nach blindem Aktionismus aus.

Zum Glück kam es anders und die meisten von Euch fanden es zu mühsam, alles aufzusammeln und zu verbrennen. Zum Glück für uns, aber auch für viele andere Arten. Laub ist ja nicht nur unser Winterquartier, sondern wird auch von so vielen anderen Tieren bewohnt. Käfer, Spinnen, Tausendfüßer, Asseln, Schnecken oder Kröten und Eidechsen. Auch die Kastanien leben immer noch.

Nur der Vollständigkeit halber sei erwähnt, dass die Rosskastanie kein einheimischer Baum ist, sondern ein Neophyt. Interessant, dass wir Menschen mit Veränderungen kein Problem haben, solange wir es sind, die etwas verändern. Weil wir es dann unter Kontrolle haben. Kommen Pflanzen und Tiere von alleine, ob Neophyt, Neozoon oder urheimisches »Unkraut« und »Ungeziefer« im Garten, tun wir alles, um das zu verhindern. Oft mit allen Mitteln wider die Vernunft. Und als Argument zählt dann, dass sie gesundheitsschädlich sind, wirtschaftlichen Schaden anrichten oder drastisch die Natur- und Kulturlandschaft verändern.

Aber ist es immer schwer vorherzusagen, ob und was genau passiert. Wir wissen nur, dass sich bei Pflanzen, die bereits seit Kolumbus Zeiten hier bei uns wachsen, die Tierwelt auf sie eingestellt hat. Sie liefern den Tieren reichlich Nahrung, Raupen, Kaninchen oder Rehe fressen die Blätter, Wurzeln und Knospen, Vögel die Samen. So halten sie das Wachstum unter Kontrolle. Das ist zwar kein System wie auf Knopfdruck und es gibt Jahre, in denen viel wächst und wenige Fresser da sind und umgekehrt. Alles in allem aber hält sich alles von allein im Gleichgewicht. Die Kontrolle haben wir Menschen auf lange Sicht selten. Auch nicht, wenn wir selbst ein exotisches Gewächs in den Garten holen oder im großen Stil sogenannte Nützlinge einführen. Ob Bärenklau aus dem Garten (siehe Seite 85) oder der Asiatische Marienkäfer aus dem Gewächshaus, der als Arbeitsnomade zu uns kam und Blattläuse fressen sollte.

Der Star als Schädling

Wenn der Star kommt, ist es Frühjahr. Er ist ein lebhafter Vogel, den man einfach gerne beobachtet. Er ist uns vertraut aus den Parks und Gärten, wenn er auf Nahrungssuche über den Rasen flitzt oder sich am Kirschbaum gütlich tut. Im Spätsommer kündigen die großen, spektakulären Starenschwärme den nahenden Herbst und baldigen Vogelzug an. In unserer Kulturlandschaft hat er es nicht leicht, weil er nicht immer genügend Baumhöhlen oder Nischen im Mauerwerk findet, um dort zu nisten. Und Viehweiden, auf denen er Nahrung findet, gibt es immer weniger. Er wird selten. In den neuen Siedlungsgebieten in Nordamerika oder Australien, wo der Star ein Neozoon ist, wird er als landwirtschaftlicher Massenschädling gehasst und massenhaft getötet.

Hallo, jetzt rede ich: der Asiatische Marienkäfer

»Der fliegende Blattlaustod«, klingt wie ein Produkt, das in Eurem Gartenmarkt in der abgeschlossenen Vitrine steht und nur vom Personal ausgegeben werden darf. Das bin ich, sind wir, die Marienkäfer. Aus Sicht der Blattläuse zumindest. Außer Blattläuse zu fressen und uns fortzupflanzen, interessiert uns in unserem Leben nicht viel. Gerne auch Blattläuse fressen, während wir Sex haben. Wir sind Raubtiere, auch wenn Ihr es gerne anders seht, kann ich auch nichts dafür. Ihr Menschen findet unsere Verwandtschaft süß, Euer Liebling ist der Siebenpunkt. Er ist nicht ganz so verfressen und fortpflanzungsfreudig, aber auch ein Raubtier. Also, wir sind 'ne Spur härter drauf: Haben mehr Nachwuchs, mehr Hunger, wir machen nur eine kurze Winterpause und sehen zu, wo wir bleiben, wenn die Blattläuse weg sind, kommt halt zur Not auch mal eine andere Marienkäferlarve dran, so ist das. Aber das war der Grund, warum Menschen uns hier angeworben haben, Blattläuse bekämpfen in diesen großen Gemüseplantagen, wo die Pflanzen in Regalen auf Nährlösung wachsen. Na ja, und dann sind halt mal ein paar raus aus den Gewächshäusern. Und wir sind mittlerweile sehr häufig.

Ach so, das Stinkezeug, das sondern auch alle ab, nicht nur wir Asiaten. Die Flüssigkeit ist übrigens kein Pipi und auch kein Killerblut. Nicht wahr, das denkt Ihr doch, wenn wir es auf Eure Hand träufeln, weil Ihr uns so gerne über Eure Finger laufen lasst. Es stinkt und das ist der Sinn der Sache, auch wenn Ihr zu unsensibel seid, es zu kapieren, nehmt es mal in den Mund, dann wisst Ihr, wie es einem Vogel geht, der aus Versehen mal einen Marienkäfer gefressen hat. Deswegen sind wir auch in solche Knallfarben unterwegs. Rote Ampel, stopp! Finger weg, kennt Ihr doch. Einmal die Grenze klarmachen und es herrscht Friede, Freude, Eierkuchen und wir können in Ruhe Blattläuse fressen und uns vermehren.

Aus den Schädlingsbekämpfern sind im Fall des Asiatischen Marienkäfers Schädlinge geworden, die bekämpft werden – und gehasst. Weil viele Leute nur wenig Wissen haben, hassen manchmal schon Kinder jeden Marienkäfer, der keine sieben Punkte auf dem Rücken hat. Hau tot! Das ist einer aus Asien. Aber der ist erstens weder wirklich gefährlich noch zwingend ein asiatischer, sondern vielleicht einer der anderen 70 Arten, ein Zweipunkt-, einer ohne Punkte oder ein Sechszehnpunkt-Marienkäfer, der sich übrigens nicht von Blattläusen ernährt, sondern von Mehltaupilzen.

In anderen Ländern sind unsere Lieblingstiere manchmal diejenigen, die gehasst und getötet werden. Unser Frühlingsvogel Star zum Beispiel. Das Gleiche gibt es auch bei Pflanzen. In Nordamerika ist es Johanniskraut, in Südafrika sind es Zimbelkraut, Spitzwegerich oder Weißklee, die niemand haben will, die man mit schwerem Gerät, Pestiziden und mit dem Arbeitseinsatz von Schulkindern und anderen Freiwilligentrupps immer wieder versucht, loszuwerden.

Zusammenfassend kann man sagen: Das alles – Artenvielfalt, Wanderung, Veränderung – ist kompliziert und komplex und alles nicht so einfach in Schwarz und Weiß einzuteilen wie bei Frau Holle im Märchen. Schwierig wird es vor allem dann, wenn man sich zu sehr von der aufgeregten Debatte mitreißen lässt.

Im Fachjargon von Naturschützern und Botanikern tragen die möglicherweise problematischen Arten, Pflanzen genau wie die Tiere, oft das Beiwort »aggressiv« oder »invasiv«. Unglücklich gewählt, weil es Begriffe aus Politik und Kriegsführung auf Pflanzen überträgt und weil es den Pflanzen Charaktereigenschaften zuschreibt, die sie mit Sicherheit nicht haben. Gut und böse, friedlich und aggressiv, invasiv und bescheiden, das sind menschliche Kategorien. Außerdem verhalten sich die meisten Arten ganz normal wie andere Pflanzen und Tiere auch, suchen sich ihre Nische und fallen nicht groß auf. Stören nicht, verändern nicht das Bild unserer Heimat, wie wir es gerne hätten, und legen auch nicht den Finger – oder ihre Samen und Wurzeln – so offensichtlich in die Wunden, die unsere moderne Lebensweise der Natur geschlagen hat und schlägt. Sie dafür als Sündenbock quasi zu bekämpfen, wirkt manchmal schon skurril. Die

Rechtliches zu ausbreitungsstarken Arten

Rund um die so genannten »invasiven« Arten gibt es zahlreiche rechtliche Regelungen, unter anderem die Unionsliste. Darin gesammelt sind eben diese Arten von EU-weiter Tragweite – deswegen Unionsliste –, außerdem Maßnahmen zu Prävention und Bekämpfung. Aktuell sind es 49 Arten, einige davon sind schon gefühlt heimisch, wie der Waschbär und die Nutria, andere kennt man kaum. Andere besonders unbeliebte Arten stehen gar nicht drauf, die Kanadische Goldrute oder der Asiatische Marienkäfer beispielsweise.

Genau im Wortlaut und im Detail können Sie sich darüber beim Bundesamt für Naturschutz unter *www.bfn.de* informieren. Für Österreich lautet die Internetadresse *www.umweltbundesamt.at* und für der Schweiz *www.infoflora.ch*. Auf europäischer Ebene gibt es ein Netzwerk, das über fremde und invasive Arten in Nord- und Mitteleuropa informiert (NOBANIS), zu finden unter *www.nobanis.org*.

Gelistete Arten dürfen nicht eingeführt oder angepflanzt, ausgesät und ausgesetzt werden. Für Privatgärten hat die Liste größtenteils weniger Bedeutung – denn es wird ja niemand einen Waschbär halten. Wenn sich ein solcher aber auf dem Grundstück aufhält, muss man keine Sanktionen befürchten, wenn man ihn gewähren lässt. Man kann ihn aber melden.

Die aufgeführten Pflanzen im eigenen Garten anzupflanzen, ist ohnehin nicht sinnvoll. Es gibt genügend andere Arten zur Auswahl, die sich nicht in der Natur breitmachen. Selbst bei den Springkräutern gibt es solche, die weniger ausbreitungsstark sind, wie das Große oder das Kleinblütige Springkraut, aber trotzdem schwierige Standorte besiedeln können. Wichtig: Wenn Sie invasive Pflanzen wie das Drüsige Springkraut, die sich selbstständig bei Ihnen eingefunden haben, aussortieren, geben Sie diese nicht auf den Kompost, allenfalls in die Biotonne, damit eventuelle Samen nicht zur Notreife gelangen und sich so dann noch weiter verbreiten. Und: schon gar nicht einfach über den Gartenzaun ins Gebüsch, so hat es schon manche Art als Sprungbrett in die Wildnis geschafft.

Wer in der Natur unterwegs ist und meint, es wäre sinnvoll, vermeintliche oder echte Neophyten oder Neozoen zu zertrampeln und zu töten, muss aufpassen, nicht auf die andere Seite des Gesetzes zu geraten. Denn im Rahmen der Naturschutzgesetze ist es verboten, »ohne vernünftigen Grund« Pflanzen und Tiere von ihrem Standort zu entnehmen oder zu nutzen oder zu vernichten sowie ihre »Lebensstätten zu beeinträchtigen oder zu zerstören«. Und das gilt für alle Arten – klein und groß, häufig, lästig oder selten.

Argumentation, dass eine bestimmte sich stark ausbreitende Art mit Chemie bekämpft werden »muss«, die dann im Wasser und im Grundwasser landet und natürlich auch uns als Endverbraucher belastet, ist zum Beispiel nur schwer nachvollziehbar.

Denn das Problem sind ja nicht die Arten und ihre »aggressiven« Verbreitungsstrategien. Wenn sie weg wären, wäre nicht automatisch alles wieder gut und ganz Mitteleuropa von heimischer Natur besiedelt. Die ist arg in Bedrängnis geraten, aber in erster Linie durch unsere Lebensweise, die Landschaft übergedüngt, geplagt von Straßensalz, Abgasen, Pestiziden, zerwühlt, gerodet, planiert für Wanderwege, Skipisten, Asphalt und noch mal Asphalt.

Unter großen Autobahnbrücken ist es staubtrocken wie in der Wüste, eher dunkel und ziemlich dreckig in jeder Hinsicht. Welche heimische Pflanzenart würde da zum Beispiel wachsen wollen? Über Flughäfen, Bahnhöfe und die großen Straßen kommen dann aber an Füßen, Reifen und Gepäck Samen an, die aus Ländern stammen, die mit kargen Lebensbedingungen vertraut sind, so wächst denn dort auch etwas.

Versöhnlicher und neutraler ist es, die ankommenden Arten »adventiv« zu nennen, übersetzt »ankommend«. Deswegen kann man ja immer noch dort eingreifen, wo es Konflikte gibt, es fühlt sich aber längst nicht so bedrohlich an. Und wir können schauen, wie man mit jedem einzelnen von ihnen seinen Frieden machen kann.

Kastanien sind nicht von hier

Esskastanie, Rosskastanie, wer ist wer? Heimisch sind die beliebten Bäume in unseren Breiten beide nicht. Die Rosskastanie stammt aus Asien und selbst dort, wo sie heute quasi wild wächst, in den Wäldern des Balkans, wird sie vermutlich mal angepflanzt worden sein. Im 17. Jahrhundert war es hierzulande Trend bei den Schönen und Reichen, Rosskastanien zu pflanzen. Dann kam auch das gemeine Volk entlang Parks in den Genuss und so wurden Rosskastanien zu den typischen Bäumen der städtischen Grünanlagen. Lose verwandt sind sie mit der Esskastanie, auch Edelkastanie genannt. Diese war bereits in der Antike rund ums Mittelmeer als Nutzpflanze verbreitet. Vor allem dort, wo kein Getreide angebaut werden konnte, sicherten die Früchte als »Brot der Armen« das Überleben der Bevölkerung.

Über Giersch, Ackerschachtelhalm und anderes ungeliebtes Grünzeug

Wie Pflanzen unermüdlich Biomasse produzieren und warum sie für den ökologischen Kreislauf so wichtig sind

»Unkraut« gibt es botanisch betrachtet nicht. Es ist eine Erfindung der Menschen, Pflanzen so zu nennen, die ihnen bei der Landwirtschaft in die Quere gekommen sind. Klar, wer systematisch Gemüse und Getreide anbaut und davon lebt, der ist genervt, wenn in den Reihen noch viel anderes wächst, was den angebauten Pflanzen Wasser und Nährstoffe entzieht, was es vielleicht beschattet, weil es schneller wächst, und einem dann auch noch beim Ernten im Weg ist.

Unkraut macht den Acker- und Gemüsebau weniger effizient und arbeitsintensiver. Aber wen stört Unkraut in Staudenbeeten, im Rasen, in Pflasterfugen, an Straßenrändern? Ist es dort wirklich schädlich oder stört es nur den Ordnungssinn? Wer Unkraut aus Nicht-Nutzflächen einfach aus Prinzip entfernt, mit Unkrautvernichtungsmitteln, mit Abflammgeräten arbeitet oder mit der Hand jätet, sollte sich dabei immer auch fragen: warum? Kann sein, dass sich keine plausible Antwort findet.

Der Umgang mit dem ungeliebten Bewuchs wird sich aber allein durch eine andere Wortwahl nicht ändern. Unkraut nun wertschätzend »Wildkraut«, »Beikraut«, einfach nur »Kraut« zu nennen, hilft noch nichts, solange genauso weiter mit ihm verfahren wird wie zuvor. Die negative

Bedeutung wird dann lediglich an das neue Wort weitervererbt. Und es ändert sich auch nichts, wenn wir zwischen gutem, heimischem Beikraut und bösen Neophyten unterscheiden.

Neophyt ist im allgemeinen Sprachgebrauch inzwischen auch so etwas wie Unkraut. Mancher, der sich über ein lästiges, wucherndes, giftiges Gewächs ärgert, wundert sich, wenn er erfährt, dass es hier ewig schon zur heimischen Natur gehört. Die Zaunrübe oder das Jakobs-Greiskraut beispielsweise. Als ob gute deutsche Unkräuter sich benehmen wie gute Deutsche, während andere wie das Springkraut grundsätzlich über die Stränge schlagen und sich partout nicht integrieren wollen.

Wenn sich Bäume unbeliebt machen

Manche kennen vielleicht den Essigbaum und seine wunderschöne Herbstfärbung – und seine fürchterlich anstrengende Eigenschaft, mit langen Trieben überall und an neuen Orten aufzutauchen. Die Weide ist auf anderen Kontinenten nicht Teil eines Kulturguts, sondern ein wassersaugendes, durchmarschierendes, wucherndes Monster. Hierzulande ist besonders die Robinie unbeliebt: Sie treibt wie der Essigbaum lange flache Wurzeln in alle Richtungen und taucht rundherum um den Mutterbaum als neuer Baum auf. Verdrängt heimische Arten, heißt es, zerstört das Landschaftsbild und plagt mit ihren Pollen Allergiker. Das Geheimnis ihrer Wuchskraft ist eine Wurzelsymbiose mit Mikroorganismen, die sich aus ihren Feinwurzeln mit Nährstoffen und Wasser versorgen und mit Stickstoffproduktion revanchieren. Deshalb kann sie dort gut wachsen, wo die Bedingungen eher bescheiden sind, und düngt wie nebenbei den Boden. Was ungünstig ist, wenn auf dem vormals kargen Boden speziell daran angepasste seltene Kräuter und Orchideen wachsen. Was aber sehr günstig ist, wenn es darum geht, zerstörte Gebiete, zum Beispiel Schadstoffhalden oder auch Braunkohleabbaugebiete, wieder zum Leben zu erwecken, den Boden zu festigen und zu pflegen. Und das auch gerade in Gegenden, wo es wenig bis noch weniger regnet. Ausrotten sollten wir die Robinie besser nicht. Vielleicht brauchen wir sie noch.

Hallo, jetzt rede ich: das Drüsige Springkraut

Ihr als Ingenieursvolk müsstet mich eigentlich toll finden. Was ich und meine Spingkrautkollegen ausgetüftelt haben, um unsere Samenkinderchen mit Schwung in die Welt und gut an den Start zu schleudern, ist das nicht toll? Eure Biologen nennen uns Saftdruckstreuer und grob gesagt funktioniert es so: Wenn unsere Samen reif sind, dann sammeln wir in unseren Schoten immer mehr Zellsaft an, statt auszutrocknen, wie andere Arten das machen. Der Druck steigt, die Schoten werden immer praller und praller, und wenn es zu viel wird, ein Regentropfen darauf fällt oder jemand die Schoten berührt, dann platzen sie auf und schleudern die Samen heraus.

Ich glaube, das wissen die wenigsten, obwohl ich bei Euch sonst aus den Medien sehr bekannt bin. Aber die Schlagzeilen sind doch meistens negativ: »Invasiver Neophyt«, »indische Gefahr«, »pflanzlicher Eindringling« werde ich genannt und Ihr glaubt, ich will hier andere Arten ausrotten.

Aber ich mache ja nur das, was ich gelernt habe. Ich siedele überall, wo es passt, hauptsächlich auf offenen Stellen, an Bächen und Flüssen, in denen sich der überschüssige Dünger aus Eurer Landwirtschaft sammelt. Da kann ja sonst kaum jemand wachsen. Den meisten ist das zu viel Stickstoff. Ich aber liebe Stickstoff, ich verschlinge ihn geradezu und vertrage Mengen, von denen die meisten Pflanzen einfach nur krank werden.

Oder ich wachse in Wäldern, wenn nach Rodungsaktionen oder den Winterstürmen und Sommergewittern Lücken in der Baumreihe sind. Dann

Springkraut ist lecker

Die Blüten des Springkrauts haben viel Nektar und in kleinen Mengen sind sie eine natürliche blumige Süßigkeit und eine schöne Dekoration für Süßspeisen. In der Medizin werden die Blätter von Springkräutern auch als Abführmittel verwendet, deshalb sollten wir sie nicht oder nicht roh und nur in Maßen essen. Das Leckerste am Springkraut sind ohnehin die Samen. Und beim Drüsigen Springkraut sind sie besonders groß. Sie schmecken wie kleine Nüsse und eignen sich damit auch für alles, wofür man sonst Nüsse und Samen verwendet: Pestos, Bratlinge, Müslis, über den Salat gestreut oder in Aufläufen. Die Samen können auch ohne Öl kurz in einer Pfanne angeröstet werden, dann schmecken sie noch besser.

kommt Licht rein und es legt alles los, was an Samen im Boden war. Die Knoblauchsrauke zum Beispiel, die wächst dann auch so richtig los und sie hat einen Trick: Sie gibt über ihre Wurzeln Stoffe ab, um die Baumschösslinge klein zu halten. Damit sie nicht gleich wieder kein Licht mehr hat. Also, mit solchen Tricks arbeite ich nicht.

Ich wachse und wachse und blühe und locke mit honigsüßem Nektar Bestäuber zuhauf an. Besonders die Hummeln mögen mich und freuen sich, dass im späten Jahr endlich noch viel blüht. Wenn ich so toll bestäubt werde, produziere ich auch Samen zuhauf, die ich dann mit Schwung in die Umgebung schleudere, am besten noch in einen Fluss. Wo Wasser ist, da geht es mir gut. Trockene Sommer machen mir echt zu schaffen und kalte Winter auch.

Was ich auch noch mal klarstellen will: Ich bin nicht freiwillig gekommen, ich wurde vor langer Zeit eingeladen. Weil ich so schön große, lila Blüten habe und weil Eure Imker mich gerne haben wollten.

Aber hey, ich bin essbar, aber das wissen die wenigsten. Ihr Menschen nicht und auch viele Tiere nicht. Und die Raupen, die ja ganz viel grüne Blätter brauchen, bis sie groß genug sind, um sich zu verpuppen und dann Schmetterlinge zu werden, die haben uns noch kaum entdeckt. Wer hinschaut, sieht aber immer öfter Fraßspuren an meinen Blättern. Das sind zum Beispiel die Raupen des Mittleren Weinschwärmers. Dicke Dinger, die sonst an Nachtkerzen und Weidenröschen fressen. Auch die Springkraut-Blattspanner finden sicherlich bald heraus, dass auch ich nur ein Springkraut bin, auf das sie ihre Eier legen können.

Chemische Pflanzenvernichtungsmittel gegen Springkraut zu verwenden, ist höchst problematisch. Springkraut wächst oft entlang von Gewässern – zu verhindern, dass Gift ins Wasser kommt, dort Schaden anrichtet und sich weit über die Landschaft verteilt, ist fast unmöglich. Aber auch sonst: Ein Pflanzenvernichtungsmittel wirkt nie so selektiv, dass es wie ein Profikiller nur die eine Pflanze tötet. Gift ist Gift, und einmal versprüht, ist es in der Natur und schadet den bedrängten heimischen Arten, die man retten möchte, am Ende ebenfalls. Auch die vielfach propagierte mechanische Entfernung ist keine perfekte Alternative: ausreißen, abschlagen, mähen, bevor der Samen reif wird. Mir persönlich als friedliebende Naturfreundin missfällt generell der aggressive Unterton bei solchen Aktionen, aber schwerer wiegt, dass Springkraut wie gesagt oft an Bächen und Seen wächst. Ist der eine Pflanzenbestand vernichtet, wächst oft so schnell kein neuer auf. Das Ufer bleibt nackt und ist erosionsgefährdet.

Zum Glück für uns Gärtnernde: Im Garten ist das Drüsige Springkraut gut zu managen. Aussäen sollten Sie es natürlich nicht, aber dass eins vorbeischaut, kann schon vorkommen. Gift wäre ohnehin verboten, ist aber auch nicht nötig. Was wächst, jäten wir frühzeitig und spätestens nach der Blüte und bevor es seine Samen verschleudern kann. Wenn es kaum Fressfeinde gibt, tun wir eben so, als wären wir welche.

Ansonsten machen uns im Garten eher die altbekannten Arten zu schaffen, wie die Ackerwinde, von der immer irgendwo ein Wurzelstrang im Boden bleibt und wieder austreibt, ebenso der Giersch; oder das Knopfkraut oder die Vogelmiere, die wie über Nacht ein ganzes Beet bedecken können. Oft verkörpern gerade diese Pflanzen die schiere Lebenskraft: Sie sprengen Asphalt, sind echte Pioniere und was sie leisten, um auf Nichts und nackter Erde Biomasse, Sauerstoff und Samen zu produzieren, ist großartig. Sie lassen sich auch von jätenden Gärtnerinnen und Gärtnern oder fressenden Tieren, schlechtem Wetter, Wasser und viel zu vielen Nährstoffen nicht aufhalten.

Pusteblumen

Nicht nur Löwenzahnsamen bekommen ihr eigenes Fluggerät mit auf den Weg, auch all die anderen pusteblumenartigen Disteln, Kornblumen, Habichtskräuter. An jedem der recht dicken Samen sitzen winzige feine Härchen, mit denen sie wie mit einem Gleitschirm durch die Luft fliegen, über die Mauer, über den Fluss, und so weit herumkommen, in neue Gefilde. Die Samenstände der Bocksbartpflanzen sehen dem Löwenzahn sehr ähnlich, sie sind nur größer und die Pusteblumen sind richtige kleine Bälle. Im Gegensatz zu Ahorn und Hainbuche, die ihre Samen mithilfe kleiner Propeller verbreiten, oder Esche und Ulme, deren Rotorblättchen den Aufwind nutzen, haben sie ihren ganz eigenen Flugmechanismus entwickelt, um sich weit weg von der Mutterpflanze niederzulassen.

Hallo, jetzt rede ich: der Giersch

Es gibt Menschen, die mögen mich, als Kraut und Gemüse oder Zutat fürs Pesto, aber auch einfach, weil ich so schön bin. Bei denen darf ich im Garten wohnen, sogar zwischen den Rosen blühen und meine cremefarbenen, fedrigen Blütendolden zeigen. Das passiert aber selten. Meistens bekämpft Ihr mich, wenn ich noch ganz zart und grün bin, und weil ich einer der Ersten bin, der seine Blättchen aus dem Winterboden in die noch kalte Luft schiebt, ist es leicht, mich zu erkennen.

Tipps und rigorose Methoden, mich zu töten, kursieren bei Euch ja jede Menge: Gift ist nur ein Weg, andere schlagen einen kompletten Bodenaustausch und Begasung vor. Oder Ihr deckt das Beet mit Mulch, Folie oder dicker Pappe ab. Zur Not jahrelang, bis meine Sippe ausgerottet ist, mit Stumpf und Stiel ausmerzen sagt Ihr dann. Aber hey, ich bin nur eine Pflanze, noch nicht mal giftig. Und die ganze Aktion bringt noch nicht mal was. Ein Stück bleibt immer irgendwo oder von Nachbars Grundstück reist ein Samenkörnchen mit dem Wind wieder bei Euch ein.

Statt Euch so abzumühen, könnten wir es doch auch mal in Ruhe und in Frieden miteinander versuchen? Ich mag zum Beispiel Gesellschaft, solche, die auch fast ganzjährig grün und bodendeckend ist. Dann kann man sich die Arbeit auch teilen und ich muss mich nicht als einziger so anstrengen. Storchschnabel, Knöterich oder Frauenmantel, mit denen klappt es oft super. Denn darum geht es ja bei uns Pflanzen, die nackte Erde zu begrünen, aus Sonne Leben und Biomasse werden zu lassen, den Boden zu beschatten und alles in Gang zu setzen. Pionierpflanzen nennt man uns deshalb ja auch. Ist das getan, dann können wir uns auch entspannen. Das mache ich dann tatsächlich. Was die meisten auch nicht wissen. Aber wenn ich geblüht habe, bin ich durch mit meinem Programm, dann lasse sogar ich Lücken aufgehen. Wer mich nach dem Abblühen schneidet, sieht mich bis zum Frühjahr nicht wieder. Wer mich aber schneidet, wenn ich noch grün bin, und vor allem an meinen Rhizomen zerrt, der sorgt dafür, dass ich sofort wieder durchtreiben muss und wie Phönix aus der Asche mit neuer Kraft recht bald zurück bin.

Wachsen auch zurückhaltende Pflanzen im Beet mit den robusten bis raubeinigen Wildpflanzen, schützt man besser diese Seelchen, mit Wurzelsperren etwa, statt die vermehrungsfreudigen Gewächse zu vernichten. Oder Letzteres zu versuchen, was sowieso nicht klappt.

Auch wer es gerne ordentlich hat, sollte Giersch und Co. mit anderen Augen betrachten und schätzen lernen, was sie an Pionierarbeit leisten. Sie wachsen dort, wo sonst nichts ist. Die Samen sind leicht und zahlreich und können mit dem Wind von weither überall hinfliegen. Ein paar wenige erfolgreiche Keimungen reichen, dann geht es los mit dem Ausläuferbilden. Lange bevor die Pflanze blüht und neue Samen entwickelt hat, die dann ja erst im nächsten Jahr wieder keimen und noch mehr Pflanzen bilden könnten, ist die nackte Erde schon bewachsen, oberirdisch mit Grün bedeckt, ein Dach über dem Kopf fürs Bodenleben und gleichzeitig Biomasse für kleine und große Pflanzenfresser. Unterirdisch durchwurzelt, gelockert und belüftet von mehr oder weniger dichten Wurzelnetzen. Gerade die Mischung ist perfekt. Gäbe es nur die vegetative Vermehrung, könnten die Pflanzen nicht auf sich ändernde Umwelteinflüsse reagieren und sich nicht anpassen, deswegen ist auch die generative Vermehrung über Samen wichtig.

Und dass irgendwo nichts ist, kann immer mal passieren. Brände, Baustellen, Erdrutsche, Überschwemmungen. Wenn nichts mehr kommt, nachdem alles weg war, wäre die Erde bald tot. Viele hübsche Pflanzen und Tiere können erst kommen, wenn der Laden einigermaßen läuft und einer bereits aufgeräumt hat. Manche dieser Pioniere sind seit Urzeiten da, lebende Fossilien, wie der Ackerschachtelhalm.

Hallo, jetzt rede ich: der Ackerschachtelhalm

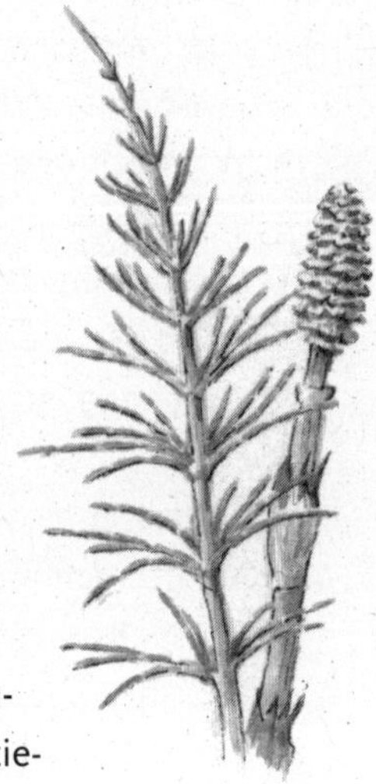

Schaut doch mal genauer hin: Ich bin ein Wunderwerk der Biotechnik und ein Nachfahre wahrer Helden der Vorzeit. Schon vor Hunderten Millionen Jahren bildeten unsere Urahnen, die Riesenschachtelhalme, zusammen mit Baumfarnen gewaltige Wälder. Die Riesen sind ausgestorben und wir viel kleineren Nachfahren wachsen heute bei Euch auf den Feldern und in den Gärten, vor allem dort, wo der Boden richtig schön verdichtet ist und sich das Wasser staut.

Ich starte eher unauffällig im März, mit kleinen, braunen Sporentrieben. So weit, dass wir Samen produzieren, war die Technik damals ja noch nicht. Hat alles Vor- und Nachteile, das neumodische Zeug der Blumen. Wir machen es eben immer noch so wie die Farne oder Moose. Unsere Sporen sind keine Samen, sondern schon kleine Pflanzenwesen, die sehr robust sind und ewig auf den richtigen Zeitpunkt warten können, um mit dem Wachsen anzufangen. Viele können beispielsweise ihren kompletten Stoffwechsel einstellen und benötigen weder Wasser noch Nährstoffe noch Sauerstoff – bis die Lage wieder besser ist.

Wo war ich stehen geblieben? Ach ja, also wir schicken die Sporen los, nach dem braunen Sporentrieb kommen grüne, Tannennadeln ähnelnde Triebe, mit denen wir Fotosynthese machen. Die Energie brauche ich, um unterirdisch mein weit verzweigtes Wurzelgeflecht voranzutreiben. In alle Richtungen und bis zu zwei Meter tief in den Boden. Daraus treiben dann noch mehr grüne Wedel und im nächsten Frühjahr neue Sporentriebe.

Früher wusstet Ihr ja noch, dass wir Euch nützen können. Man hat mit uns zum Beispiel geputzt, Geschirr und Besteck, deshalb heiße ich auch manchmal Zinnkraut. Das ist aber in Vergessenheit geraten. Auch dass Ihr aus mir eine tolle Pflanzenbrühe herstellen und damit die Gartenpflanzen stark, gesund und widerstandsfähig machen könnt. Und Zinnkrautsalbe ist gut für Eure Haut. Sind das nicht Gründe genug, mich mit anderen Augen zu betrachten?

Aber bitte, liebe Leute, sammelt mich nur bis zum Sommeranfang. Wer so alt ist wie ich, hat einen Haufen Freunde, Pilze vor allem, die sind auch noch aus der Zeit der Dinosaurier da, die kommen dann im Laufe des Sommers und lassen sich auf mir nieder. Die sind nicht immer gut verträglich für Euch Menschen, vor allem wenn Ihr auch noch glaubt, uns essen zu müssen.

Vermutlich wären viele Gartenbesitzer nicht böse, gäbe es den Ackerschachtelhalm nicht mehr. Aber wollen wir wirklich jemanden loswerden, der die Zeit der Dinosaurier und ihr Ende überlebt hat? Wer weiß, wofür dessen Fähigkeiten noch mal gut sein können. Das ist ja das Besondere an Unkräutern, auch der unscheinbaren und vermeintlich überflüssigen Quecke. So nervig sie im Garten sein können, eigentlich sind sie Superhelden mit Superkräften.

Hallo, jetzt rede ich: die Quecke

Wissen Sie, wo wir Quecken auch unseren Job machen? Nicht bei Ihnen in der Kleingartensiedlung, sondern an der See, in der Klei und in der Marsch, auf humusfreien Rohböden. Dort bin ich ziemlich konkurrenzlos, wer will da auch schon wachsen, da macht sich kaum ein anderer die Wurzeln schmutzig. Das mache ich aber gerne. Malochen kann ich. Aus meinen unterirdischen Kriechtrieben, die pro Jahr bis zu einen Meter wachsen, tauche ich immer mal wieder als Pflanze auf, blühe und verteile Samen, die dann noch ein bisschen weiter rumkommen und an der nächsten Stelle mit der Arbeit anfangen. Und in wenigen Jahren habe ich die ganze Fläche beackert. So halte ich den Boden zusammen, und wie in einem Netz finden dann auch andere Bodenlebewesen Halt und nach und nach fühlen sich da dann sogar andere Pflanzen wohl. Dann kommen die ersten Gehölze, sie beschatten den Boden, das ist dann das Signal für mich, mich zurückzuziehen. Ich werde dann nicht mehr gebraucht. So ist es geplant im Laufe der Natur.

Das Programm spulen wir Quecken überall ab, gerne auf Campingplätzen, das ist ja auch so ein Ort, wo sich sonst kaum eine Grasart länger aufhalten mag. Und auch bei Euch im Garten, und es ist dann für Euch nicht einfach, mir klarzumachen, dass ich aufhören soll. Ich bin sehr zäh, wer an mir rupft, reißt den ganzen Strang raus und den Boden auf. Ich lege gleich mit doppelter Kraft mit dem verbliebenen Wurzelrest von vorne los.

Allerdings: Meine Wurzeln könnt Ihr essen, sie enthalten viele Vitamine und sind lecker herb. Fragt die Wühlmäuse, ich bin ihr Lieblingsfutter. Aber Ihr wollt mich loswerden, schon klar.

Bei der Beseitigung von Quecken ist es besser, sie zu stutzen oder zu mähen, dann bilden sich schon mal keine Samen mehr. Außerdem wird es dann mit der Fotosynthese schwierig. Deswegen hilft auch Gründüngung gegen deren Ausbreitungsdrang, zum Beispiel im Gemüsebeet. Gerade zum Ende der Ernte liegt da viel nackt und brach. Steht dort dagegen eine dichte Pflanzendecke, bekommen Quecken nicht genug Licht und Energie. In die Blumenbeete lassen sich Ringelblumen und Tagetes säen oder pflanzen. Sie geben ein klares Signal: Hier ist alles in Ordnung, die Quecken müssen mit ihrer Arbeit nicht beginnen.

Viele unbeliebte Pflanzen haben wie die Quecke ein eher bescheidenes Aussehen und sie finden deshalb in unseren Gärten, wo es ja eigentlich nicht um wirtschaftliche Existenz geht und größere Gelassenheit herrschen könnte, erst recht keine Befürworter. Anders als der Giersch, wer ihn blühend erlebt hat, ist oft begeistert, auch wenn das nur selten passiert.

Und auch andere Unkräuter haben optisch so viel zu bieten, dass sie durchaus gemocht werden. Ein gutes Beispiel ist der Löwenzahn, eine grüne Wiese voller gelber Blüten ist einfach ein ästhetischer Genuss.

Hallo, jetzt rede ich: der Löwenzahn

Wir sind alt, haben schon viel erlebt und überlebt, und wir sind viel rumgekommen: auf Wiesen und Feldern, an Wegrändern, im Garten, auf nackten Beeten, Wegen oder zwischen Terrassensteinen. Mit meiner starken Pfahlwurzel habe ich so viel Kraft, ich kann die Triebe sogar durch Asphalt stoßen. Mich haut so leicht nichts um. Dass mich Rasenbesitzer nicht so mögen, weiß ich, aber die sonnengelben Blüten stimmen dann die meisten doch auch wieder freundlich.

Kaninchen mögen mich, ganz viele andere Tiere auch. Sogar Ihr Menschen könnt mich essen, wenn nicht gerade Euer Hund vorher auf mich drauf gepinkelt hat. Besonders zart sind die Blätter von jungen Pflanzen, die noch nicht blühen. Aus meinen Wurzeln lässt sich Saft pressen oder – frisch und getrocknet – Tee zubereiten. Die Blüten eignen sich für einen Sirup. Manche von Euch kennen sich damit aus und können wunderbare leckere Sachen zubereiten. Und ich bin ein sehr vielseitiger Spielgefährte. Wenn ich geblüht habe, schließen sich die Hüllblätter, und nach ein paar Tagen, wenn ich sie wieder öffne, erscheint eine kleine fluffige Kugel voller weißer Samenschirmchen. Um die Wette pusten, aus den Stängeln Ringe und Ketten kringeln und sich mit dem Milchsaft Gänseblümchen ans Ohrläppchen kleben – das sind doch schöne Kindheitserinnerungen für Euch, oder etwa nicht? Da müsst Ihr Euch als Erwachsene gar nicht so aufregen, dass unsere Fallschirme überall in Eurem Garten landen. Der Milchsaft klebt ein bisschen und macht Flecken, aber er ist nicht giftig, nur ein bisschen bitter. Davon ist auch ganz viel in meiner Wurzel, damit sie keiner frisst. Aus ihr kann ich immer wieder austreiben, auch wenn Kaninchen all meine Blätter gemümmelt, Kinder all meine Blüten gepflückt haben. Auch der Gärtner, der mich dann mit Wut ausgerissen hat, kann da nichts dran ändern. Solange Reste von meiner Wurzel bleiben, komme ich wieder.

Düngt doch einfach mal ein bisschen weniger, dann haben auch andere Pflanzen eine Chance, bei Euch zu wachsen, und es blüht bald nicht nur gelb, sondern auch weiß, lila oder blau.

Verschwenderische Fülle

Die unglaubliche Zahl an Samen, die ein Löwenzahn, Franzosenkraut oder Giersch pro Blütenkopf und Pflanze in die Welt hinausschickt, wird oft betont, um zu zeigen, wie gefährlich die Blümchen sind, zwischen Hunderten und Zehntausenden pro Blüte. So nach dem Motto: Ein Löwenzahn entwischt, ergibt im nächsten Jahr 200 neue Pflanzen und wenn man davon keinen jätet wie der böse Ökonachbar, dann sind es 200 mal 200 und damit 40 000. Und im nächsten Jahr 8 Millionen und die Kleingärtner tot oder wahnsinnig. Das ist natürlich Quatsch. Es werden mehr, aber sie brauchen Platz und es darf auch nichts dazwischenkommen, damit sie keimen. Es werden so viele Samen produziert, womit die Natur sichergeht, dass auf jeden Fall einige auf dem Boden landen und überleben. Fleißige Forscher haben das mal untersucht: Von den weggepusteten Pusteblumensamen keimten auf der Versuchsfläche gerade mal drei Prozent.

Niemand kann etwas dafür, was er als Kind mitbekommen hat. Jeder ist aber dafür verantwortlich, was er denkt und tut, wenn er erwachsen ist und ob er unhinterfragt alte Glaubenssätze übernimmt, egal, ob aus Angst, Bequemlichkeit, Veränderungsunwillen oder Loyaliät zu den Vorfahren, die es ihm beigebracht haben. Man mag es damals nicht besser gewusst haben, heute weiß man es vielfach besser. Heutige Kinder werden ihren Enkelkindern hoffentlich noch erzählen können, welche Freude es ist, in die flauschigen Löwenzahnblüten zu pusten und die Samenschirmchen fliegen zu lassen. Ja, auch das hat etwas von Macht und Kontrolle, aber nicht gegen die Natur, sondern mit ihr und als Teil von ihr. Ohne Angst, irgendwo könnte ein neuer Löwenzahn kommen, sondern genau mit der Hoffnung darauf. Gespannt zu sein, wo er sich niederlässt und ob er es schafft, zu einem großen gelben Löwenzahn zu werden, der die Lebenskraft der Natur so wunderbar präsentiert.

Über Nesseln, Disteln und andere wehrhafte Pflanzenwesen

Wovor sich diese Pflanzen eigentlich schützen und warum wir einiges von ihnen lernen können

Gut und Böse gibt es in der Tier- und Pflanzenwelt nicht. Schäden und Konflikte aber schon, und manchmal auch Blessuren, auch für uns Menschen. Auf Krawall sind allerdings auch Disteln, Brennnessel und Co. nicht aus, sondern darauf, sich zu schützen und zu wehren. Das ist ihre Strategie, gut durchs Leben zu kommen. Sie verfolgen eine andere Taktik als die wuchsfreudigen Kollegen, die auf Ausläufer, Samen und pure Energie setzen und Verluste so auch leichter wettmachen können. Mit Dornen, Stacheln und Brennhaaren schützen sie sich und ihre wichtigsten Teile gegen hungrige Mäuler aller Art. Manche kombinieren auch beides, Brombeeren etwa, die wuchskräftig, vermehrungsfreudig *und* stachelig sind. So bilden sie schnell und unverwüstlich Hecken, in denen sich allerlei Kleingetier, vom Vogel bis zur Haselmaus, vor Räubern verstecken und gleichzeitig auch noch mit Nahrung versorgen kann. Hier bei uns werden Brombeeren – im Wald etwa – von zu viel Baumschatten ausgebremst, deswegen kommen sie nur auf Lichtungen, am Waldrand und an Hecken und Säumen vor und machen sich auf Brachflächen ungeniert breit. In Übersee gelten sie vielfach als wahre Monster und verhasste und bekämpfte Neophyten.

Auch die Stachelbeere schützt ihre Beeren gut vor zu viel Vogelfraß und naschenden Kindern. Manche Pflanzen, wie die Brennnessel, lassen ihren Abwehrstoff hingegen schon bei der kleinsten Berührung los.

Hallo, jetzt rede ich: die Brennnessel

Hinterhältig nennen es manche und nehmen es uns übel, aber ich finde es effektiv: mein Brennhaar-System. So muss ich nicht immer darauf achten, wer sich da gerade bei mir niederlässt. Ob Freund oder Feind. Das zu entwickeln, daran haben ich und die Evolution lange genug getüftelt. Also, ich erkläre es jetzt einfach mal, damit Ihr es besser versteht: Bestimmte Zellen habe ich zu einem Röhrchen wachsen lassen, Härchen, wie auch immer man es nennen will. Darin ist die brennende Flüssigkeit, Ameisensäure und noch ein bisschen mehr, ein Geheimrezept. Oben in die Spitze habe ich viel Kieselsäure eingelagert, deswegen ist das Röhrchen dort hart und spröde wie Glas – und bricht bei der kleinsten Berührung ab. Und zwar an einer Sollbruchstelle, die dann eine schräge, scharfe Kante hat, ähnlich wie bei einer Spritze beim Arzt. Die sticht Euch in die Haut, und der Zelldruck spritzt die Flüssigkeit hinein. Dann brennt es halt. Je nach Haut und Tier mal so, mal so, bei Euch kommen dann noch die Quaddeln dazu. Clever, oder?

Überall auf der Welt gibt es Brennnesseln, außer in der Antarktis, wir alle machen es mehr oder weniger so. Aber: Die Welt steht nicht still und mit der Zeit haben einige Tiere herausgefunden, wie man trotz Brennhaaren an mir fressen kann. Schaut doch mal hin. Auf fast jeder Brennnessel sind Fraßspuren von Insekten zu sehen. Sie fressen sich um die Haare herum entlang der Blattadern und der Blattränder. Ich bin als Raupenfutterpflanze ziemlich unschlagbar geworden, weil die sich mit meinem System auskennen und gleichzeitig nicht so große Angst vor Jägern und Räubern haben müssen. Die trauen sich nicht, an mich ranzugehen. Brennt ja.

Brennnessel in der Küche

Brennnesseln jagen mit Präzision Ameisensäure in die Haut des »Angreifers«, wenn man sie nur leicht berührt. Aber es gibt ein paar Tricks, wie man das verhindern kann, vor allem, wenn man sie zur kulinarischen Verwendung ernten möchte. Handschuhe sind gut, und es empfiehlt sich, junge Pflanzen zu wählen und sie von unten nach oben anzufassen, mit dem Strich der Nesseln sozusagen – dann brechen die Härchen nicht ab. Sollen die Pflanzen roh in der Küche verwendet werden, kann man sie in ein Tuch wickeln und auswringen, bis sie ihr Gift verspritzt haben. Kräftiges Abwaschen hilft auch. Blanchieren, Dünsten, Kochen sowieso. Auch Trocknen – um daraus Tee zu machen – inaktiviert die Säuren. Früher wurden Lebensmittel in Brennnesselblätter gepackt, um sie länger frisch zu halten, denn die ätzenden Substanzen verhindern auch, dass sich Lebensmittelkeime zu wohl fühlen und vermehren.

Den Auslöse-Mechanismus hat die Brennnessel perfektioniert und egal, wo man sie anfasst, die Brennhaare erwischen einen. Volle Breitseite, Warnung gegen alles und jeden. Disteln dagegen schützen sich vor Pflanzenfressern – heutzutage auch vor dem Menschen – mit teils schrecklich aussehenden Stacheln. Sie schützen ihr Vegetationszentrum vor zu viel Fraßdruck, gleichzeitig sind sie aber darauf angewiesen, dass weidende Tiere da sind, um offene Stellen zu finden, auf denen sie wieder neu keimen können. Je nach Wuchsort und Weidedruck sind die Disteln stacheliger oder weicher, in Skandinavien sind sie weniger piksig als auf den von Ziegen beweideten kargen Hängen in den Mittelmeerländern. Ein wichtiger Teil des Überlebenskonzepts sind auch die tiefen Wurzeln. Wenn ein Esel oder eine Ziege die Futterdistel doch mal am Stück rausreißen sollte, bleibt trotzdem noch ein Teil der Wurzeln in der Erde. Sie kann so wieder durchtreiben, wieder blühen und fruchten und vielen Tieren mit ihren Blüten und Samen Nahrung bieten. Wunderbar aus Sicht der Natur, anstrengend und fordernd aus Sicht der Gärtnernden. Oft ist es ein Reflex, das stachelige Ding zu entfernen. Dabei würde es sich lohnen, sich genauer darüber Gedanken zu machen, welches Exemplar genau hinter dem stacheligen Etwas steckt und welches Wunderwerk der Evolution da achtlos oder mit Wut vernichtet werden soll.

Hallo, jetzt rede ich: die Distel

Ich weiß, Ihr Menschen haltet die Rose für die Königin der Blumen, und ich muss sagen: Schön ist es schon, was Ihr da so züchtet, aber die meisten Rosensorten sind doch zimperlich und außer ein paar Pollen und manchmal auch Hagebutten haben sie für den Rest der Gemeinschaft im Garten nicht viel zu bieten. Wir Disteln hätten den Titel viel mehr verdient, das sagen mir viele. So lang und groß, so schön und erhaben und so zäh wie wir sind sonst keine Pflanzen. Wir sind Hungerkünstler, die auch trockene Dürreperioden ohne Murren und Jammern überstehen, während die Rosen rund um die Uhr gepflegt und gegossen werden wollen. Und dann verteilen sie mit ihren Stacheln auch noch blutige Schrammen, wir piksen dagegen meist nur. Wegen unserer tiefen Wurzeln kommen wir auch gut in Fugen und auf trockenen Stellen wie Sand oder Parkplätzen klar.

Distel ist übrigens nur ein Oberbegriff, es gibt von uns ganz viele. Die lilablütigen Kratzdisteln, die Pollen und Samen en masse produzieren, Färberdisteln, edle Kugeldisteln und silbrige Elfenbeindisteln, riesige Eselsdisteln, die in ihrem zweiten Jahr zu einem imposanten Stachelwesen heranwachsen, auch auf kargen Standorten: Ihre gefurchten, geflügelten Stängel wirken wie Regenrinnen und leiten das Wasser, das kommt, direkt auf ihre Füße. Oder ich, die Kohldistel. Ich habe wirklich kaum Stacheln an meinen weichen Blättern und bin nicht nur für die Tierwelt ein Futterlieferant.

Königliche Distel

Dass die Distel die Königin der Blumen ist, ist gar nicht so vermessen. Immerhin ist sie das Nationalsymbol Schottlands. Auch wenn keiner weiß, welche Art genau die Flagge und das Wappen ziert, weiß die Legende warum: Eine Gruppe schottischer Krieger schlief und wäre von den einfallenden Wikingern überfallen und getötet worden, wäre einer der Angreifer nicht auf eine Distel getreten und hätte die Schlafenden durch seinen Schmerzensschrei nicht aufgeschreckt und gewarnt.

Früher war ich in manchen Gegenden oftmals das einzige Gemüse, was auf den Tisch kam, und heute kommen immer mehr Leute wieder darauf, dass sie meine leckeren und gesunden Blätter in trendigen Wildkräutergerichten oder in Smoothies verwenden können. Geschmacklich geht es in Richtung Spinat, habe ich mir sagen lassen. Und auch Eure Feinschmeckergemüseart Artischocke ist übrigens eine Distel.

Warum man uns früher Teufelspflanzen nannte, vielleicht weil wir so stark und autark sind? Und so besonderes. Selbst wenn es nur Disteln gäbe, wäre der Garten bunt und die Tierwelt einigermaßen glücklich. Wir sind hübsch, vielseitig und eine reiche Nahrungsquelle für Hummeln und Bienen aller Art, unsere fluffigen Flugsamen werden vor allem von Vögeln gefressen. Unsere dicken Stängel sind im Winter Unterschlupf und Kinderstube für Käfer und andere Insekten. Warum schließt Ihr denn nicht Frieden mit uns?

Dornen, Stacheln, Haken

Rosen haben Dornen, Kakteen haben Stacheln, das weiß jedes Kind. Botanisch korrekt ist es aber genau umgekehrt. Dornen sind aus Blattnerven, Blattspitzen, Blütenkelchzipfeln oder aus einzelnen Fiederblättchen gewachsen, sie sind sozusagen das Blatt oder Blättchen. Sie besitzen außerdem Leitbündel, also Blattadern, und lassen sich nur schwer entfernen. Stacheln dagegen sind auf und nicht aus der Pflanzenhaut gewachsen und man kann sie abbrechen oder abknibbeln. Beide Varianten schützen eine Pflanze davor, von Tieren gefressen zu werden. Sie haben aber auch noch andere Vorteile: Rosen zum Beispiel können mit ihren Stacheln klettern, wie mit kleinen Steigeisen und Pickeln, und kommen so an anderen Pflanzen hoch, auch an Wänden oder Rankgittern.

Die Dornen von Kakteen sind oft so lang und spitz wie Dolche. Recht so, könnte man sagen. Speichern sie doch in ihren fleischigen Körpern immens viel Wasser, in einer Gegend, wo man dafür töten würde und genau das würde passieren: Ein Kaktus würde schneller weggefressen, als man schauen kann.

Manche Arten verlegen ihr Schutzsystem auch nach innen, produzieren und lagern in ihren Zellen scharfe, bittere, giftige Stoffe. Die entfalten ihre Wirkung erst dann, wenn jemand hineinbeißt. Der stirbt, leidet oder erschreckt sich zumindest fürchterlich über den brennenden oder bitteren Geschmack. Also macht es keiner. Oder nur wenige, denn es gibt immer Tiere, von der kleinen Larve oder Raupe bis zum großen Pflanzenfresser, die sich im Laufe der Evolution daran anpassen konnten. Ein, zwei Tiere einer Art konnten es vielleicht besser vertragen, so wie manche Leute es eben mögen, scharf zu essen, und andere nicht. Die kommen dann besser durch, weil sie eben im Gegensatz zur Konkurrenz auch die sich mit Gift wehrende Pflanze essen können. Sie vererben ihre Giftverträglichkeit und so geht es weiter. Am Ende ist eine Art entstanden wie der Jakobskrautbär, der sich am für Weidetiere giftigen Jakobs-Greiskraut labt. Das ist ein uraltes Spiel und es hört nie auf. Die Zeiträume sind allerdings viel zu lang, als dass sich in unserer Lebensspanne etwas ändern würde.

Deswegen sind wir wehrhaften Pflanzen gegenüber eher reserviert und wenn es dann auch noch welche sind, die es jahrtausendelang irgendwo gar nicht gab, erst recht. Brombeeren in Übersee, Bärenklau bei uns.

Königin oder böse Fee?

Rosen mögen die Königinnen der Blumen sein, aber es gibt wilde ursprüngliche Arten, die ganz schön stachelige Flintenweiber sind. Im Märchen von Dornröschen liegt die verzauberte Prinzessin ja nicht hinter einer blumigen Hecke aus Moosröschen, sondern hinter einem stachelbewehrten Dickicht – sonst würde sich ja kein Prinz davon abhalten lassen, sie wach zu küssen. Schaut man sich Heckenrosen, Rambler und Kletterrosen an, wird man sehen, das ist keine märchenhafte Erfindung. Sie können ähnliche Barrikaden bilden, dicht und verschlungen und mit zentimeterlangen Stacheldolchen bewehrt. In der Natur bilden sie so Schutzwälle für Vögel und kleine Säugetiere und auch Amphibien und Reptilien, die zwischen den Lücken gefahrlos durchschlüpfen. Große Verfolger müssen, wie von Stacheldraht gebremst, draußen bleiben.

Hallo, jetzt rede ich: der Riesen-Bärenklau

Ich bin so groß wie ein Sonnenschirm, meine einzelnen Dolden sind groß wie Teller und ich halte mehrere davon nebeneinander meterhoch in die Luft. Ein wahrer Herkules, ohne unbescheiden zu wirken, und so nennt Ihr mich auch: Herkulesstaude. Meine Blüten sind ein grandioser Landeplatz und eine gute Nahrungsquelle für Bienen und jede Menge anderer Insekten, Käfer vor allem, aber auch Schwebfliegen und Schmetterlinge. Ich mag das, wenn im Sommer die Hitze flirrt und die Insektengemeinschaft sich bei mir trifft. Es summt nur so, schwirrt und vibriert. Dabei bestäuben sie mich und aus jedem kleinen Blütchen wird irgendwann ein Samenkorn, das auch Winterfutter für die Vögel ist. Damit ich Zeit habe, zu wachsen und zu reifen, und um das alles meinen tierischen Freunden anbieten zu können, schütze ich mich und meine Blätter mit einem Gift, damit ich nicht vorzeitig abgefressen werde. Das machen auch der Wiesenbärenklau und viele andere Arten. Aber mir wird es sehr übel genommen, vielleicht weil ich nicht von hier bin. Oder weil ich so viel Gift auf einmal liefere. In Verbindung mit Sonnenlicht macht es auf Eurer Haut ganz fiese Quaddeln, sieht dann aus, als ob Ihr Euch verbrannt hättet.

Ich stamme aus dem herrlichen Kaukasus, damals zu napoleonischen Zeiten hat der russische Zar einen meiner Vorfahren Eurem Metternich geschenkt. Und schnell war ich modern, viele wollte mich als Zierpflanze, Dekoration und für die Bienenweide. Anfangs waren wir einsam und hatten Heimweh nach dem Kaukasus, aber als wir uns dann eingewöhnt hatten und mehr und mehr aus den Gärten herauskamen und in die freie Natur wanderten, haben wir gesehen, dass es auch hier sehr schön ist. Leider haben uns die Menschen mit der Zeit für Monster gehalten. Wegen des Gifts, auch wenn man sich da ja darauf einstellen kann, wie auf nesselnde Brennnesseln und stachelige Disteln. Aber mit der Meinung stehe ich wohl alleine da.

Wegen meiner großen Blätter meint Ihr, unter mir wüchse nichts, und dann könne ich noch nicht mal das Ufer so befestigen, wie man es bei meiner Größe erwarten könnte. Ich wachse gerne, wo es schön feucht ist. Entlang von Flüssen inmitten von Brennnesseln, Gräsern und Binsen – oder wo das früher alles mal gewachsen ist und jetzt nicht mehr. Warum, wer weiß, aber ich war es nicht, ich schwöre es. Also tat ich mein Bestes und wir wurden immer mehr. Zu viel ist invasiv, sagt Ihr, und jetzt kommen regelmäßig Menschen in Schutzanzügen und schlagen uns die Blütenköpfe ab, sägen uns runter und brennen uns die Wurzeln aus. Ich weiß nicht, warum, ehrlich gesagt, denn solange wir noch nicht geblüht und gefruchtet haben, setzen wir alles daran, das irgendwie doch noch zu tun. Danach ist der Lebenszyklus zu Ende, ganz von alleine. Mein Vorschlag zur Güte: Schneidet einfach die Samenstände ab, wenn sie fast reif sind. Dann kann ich mich nicht so versamen. Für das Partyvölkchen, das sich an meinen Blüten labt, ist dann aber noch gesorgt.

Viele Pflanzen jucken und quälen uns auch, ohne dass sie besonders stachelig und wehrhaft sind, wenn wir allergisch auf sie reagieren. Unwahrscheinlich, dass es eine evolutionäre Entwicklung der Arten ist, sich vor uns Menschen zu schützen, auch wenn natürlich jemand, der auf Kirschen allergisch reagiert, keine Kirschen mehr essen wird. Wenn man den globalen Rahmen weiter aufzieht, könnte es eine Strategie des Planeten sein, dieses ganz spezielle invasive Neozoon loszuwerden, das überall, wirklich überall auftaucht, sich breitmacht, Lebensraum von anderen vernichtet, Gift verspritzt und zur puren Befriedigung andere Lebewesen tötet. Wer weiß. Aber wahrscheinlich ist auch das wieder eine viel zu menschenzentrierte Vorstellung.

Fakt ist: Warum es Allergien früher nicht in diesem Ausmaß gab, ist noch an viele Stellen nicht schlüssig erforscht. Die Ursachen kennt man nicht wirklich, die Abläufe dagegen schon.

Allergien allgemein sind eine Überreaktion des Immunsystems, das mit Krankheitssymptomen auf Substanzen reagiert, die an sich harmlos sind. Bei Pflanzen sind es in der Regel die zur Fortpflanzung gedachten Blütenpollen, oft von windbestäubten Arten, die in die Luft ausgesandt werden und dann überall hin- und herumfliegen. Diese Pollen kommen in unsere Nase und die Eiweiße darin lassen manchmal das Immunsystem außer Kontrolle geraten. Eine Allergie ist hier also der Nebeneffekt einer Verbreitungsstrategie und keine Verteidigungsstrategie der Pflanzen.

Stand der Forschung ist auch, dass Ozon und Stickoxide, die durch Industrie- und Autoabgase vermehrt in der Luft sind, die allergenen Proteine in den Pollen so verändern, dass menschliche Körper noch empfindlicher darauf reagieren. Hasel, Birke, Gräser, für manchen ist die heimische Pflanzenwelt die pure Folter. Und wenn sich dann auch noch Neubürger genauso benehmen wie einheimische Arten, dann ist die Toleranzgrenze endgültig überschritten.

Jakobs-Greiskraut und Tigerraupen

Jedes Jahr im Juli blüht das Jakobs-Greiskraut, auf Brachen und Extensivweiden, an Straßenrändern und überall, wo auch sonst viel »Unkraut« wächst. Besonders oft siedelt es sich auf Pferdekoppeln an, dort, wo die Grasnarbe durch Verbiss und Vertritt lückig ist. Solche offenen Stellen liebt es zum Keimen. Es ist giftig für Weidetiere, deswegen gibt es immer wieder Sorgen und Aufregung, ob und wie gefährdet Schafe, Ziegen, Kühe und Pferde sind und auch wie viel im Honig enthalten sein könnte. Die enthaltenen bitteren Giftstoffe schmecken abscheulich und die Tiere verschmähen es meistens, über Mahd und Heu kann es allerdings doch noch ins Futter gelangen. Die Gefahr, dass die schädlichen Stoffe in hohen Konzentrationen im Honig landen, ist gering und die Wahrscheinlichkeit wird noch weiter verringert, wenn die Bienen genügend andere Blütenpflanzen finden.

Die Gegenmaßnahmen sind mehr Aktionismus als durchdacht, denn das empfohlene Mähen beseitigt auch viele andere Pflanzen und wenn das Schnittgut zerhäckselt wird, sterben viele Insekten, die darauf sitzen. Außerdem: Wird die Pflanze vor ihrer Blüte gemäht, schiebt sie im selben Jahr einen neuen, kleineren Blütenstand nach, oder die eigentlich zweijährige Pflanze versucht auch im dritten oder vierten Jahr, endlich zu blühen.

Vielerorts reißen die Menschen säckeweise Kreuzkraut aus und in ihrer Unkenntnis und dem Rettungseifer auch viele andere gelbe Blütenpflanzen. Und auch Jakobs-Greiskraut ist ja eine für viele Insekten wertvolle Blütenpflanze, die dann fehlt. Das Jakobs-Greiskraut ist hier schon lange heimisch und gut ins Nahrungsnetz integriert. Die Raupen des Jakobskrautbärs, ein Nachtfalter, sind sogar auf das Jakobs-Greiskraut angewiesen. Das Gift sammeln die Raupen in sich an, und sie werden damit für Fraßfeinde nahezu ungenießbar, das signalisieren sie dann auch klar durch ihren knallig schwarzgelb gestreiften Tigerenten-Look.

Hallo, jetzt rede ich: die Ambrosia

Ich bin nicht besonders schön, meine Blüten sind eher unspektakulär. Dafür habe ich jede Menge davon. Wir lassen uns vom Wind bestäuben und der ist nicht so wählerisch wie die Insekten. Die müsste man anlocken und ihnen was bieten: Pollen, Nektar, tolle Farben und ein paar Tricks. Gut, dass wir nicht darauf angewiesen sind, vielleicht gibt es irgendwann mal keine Bestäuber mehr? Der Wind weht ewiglich, nimmt meine Pollen mit, ohne groß zu fragen, und lässt sie irgendwann und irgendwo wieder los. Sie landen überall und hoffentlich auch mal auf einer anderen Ambrosiablüte. Ich alleine schicke bis zu einer Million Pollen los, insofern sollte es wohl klappen.

Eine Million Pollen – und einige wenige davon reichen, um bei Euch eine Allergie auszulösen? Dass ich so allergen bin, das ist mir früher nicht passiert. Nicht in meiner eigentlichen Heimat Nordamerika und anfangs auch nicht bei Euch, als ich hierhergekommen bin. 150 Jahre ist das her, damals war das Wort Allergie noch nicht erfunden, heute ist sie ein Massenphänomen. Warum genau? Nicht meine Baustelle. Mir tut's nur leid. Und schade, dass Ihr mich deswegen so hasst.

Wie gesagt, ich komme eigentlich aus Nordamerika und da bin ich ein Ackerbegleitkraut und gar nicht mal so unbeliebt. Meine tiefen Wurzeln lockern und lüften den Boden, und sie schützen die Erde gleichzeitig davor, weggespült und weggeweht zu werden. Ich bin guter Gründünger und meine Samen Winterfutter für die Vögel. Mit Vogelfuttermischungen für Eure gefiederten Gartenfreunde sind wir wohl auch vermehrt hierhergekommen. Hier in Mitteleuropa war es uns eigentlich zu kalt, um uns wirklich niederzulassen, aber jetzt werden die Winter ja immer milder. Und wir haben uns aufgemacht, die Gegend zu erkunden. So haben wir es ganz oben auf die Liste der Bösen geschafft: hochallergener, invasiver Neophyt.

Das war überhaupt nicht geplant. Wir haben uns wirklich nur abseits aufgehalten, an Straßenrändern, in Kiesgruben, an Bahndämmen, auf Baustellen und Schutthalden, manchmal in Gärten, in denen Ihr Vogelfutter ausgestreut habt. Also wir dachten eigentlich, wir stören auf diesen gestörten Stellen nicht. Was an Hass und Gift über uns ausgeschüttet wird, das hätten wir nicht für möglich gehalten. Umso schöner, als wir jetzt einen alten

Bekannten aus der Heimat getroffen haben, der uns wohl nachgereist ist. Es ist ein kleiner braunschwarzer Käfer namens *Ophraella communa*, der von Euch Ambrosia-Blattkäfer getauft wurde, weil er auf uns spezialisiert ist und durchaus große Mengen Ambrosia fressen kann. Das ist uns lieber so, als dass die Menschen voller Angst und in Schutzanzügen gegen uns ins Feld ziehen. Vor allem das mit dem Gift, das trifft dann oft die anderen Pflanzen und Tiere noch viel mehr als mich, das tut mir dann besonders leid. Meine windbestäubten Samen können jahrzehntelang im Boden liegen und sind dann immer noch keimfähig, sollten dann die Bedingungen besser für uns sein.

All diese juckenden, stechenden, brennenden und beißenden Pflanzen schützen sich, manchmal eher defensiv, manchmal klar und deutlich, aber immer nur dann, wenn wirklich Gefahr eintritt. Keine dieser Pflanzen geht von sich aus auf Vernichtungsfeldzug und tötet potenzielle oder gar irrtümlich dafür gehaltene Angreifer und bestimmt niemanden, der ihr noch nicht mal zu nahe gekommen ist. Eigentlich ein gutes Vorbild. Die Disteln nicht aus Prinzip bekämpfen, sondern nur da wegnehmen, wo wir gerne den Boden, den sie beanspruchen, anders nutzen wollen. Die Brennnessel nicht generell rausreißen, sondern nur da, wo sie uns an der Terrasse oder am Sandkasten tagtäglich aufs Neue und sehr lästig erwischen würde. Stattdessen können wir dann unsere Energie in wirksame Eigen-Schutzstrategien investieren.

Gemeiner Beifuß

Die biestige Ambrosia verweist mit ihrem botanischen Namen auf die Ähnlichkeit zum Gemeinen Beifuß (*artemisiifolia* = beifußblättrig), der Blattform wegen. Auch der Gemeine Beifuß ist ein Allergen, besonders im Sommer, wenn die Frühblüher und die Gräser »durch« sind, verteilt er seine Pollen und verlängert die Heuschnupfensaison noch ein paar Wochen. Beifuß ist aber auch ein altehrwürdiges und beliebtes Küchengewürz, obwohl auf den Feldern und im Garten als ziemliches Unkraut verschmäht. Es wächst schnell und gerne überall, wo jemand ackert und jätet, Gemüse anbaut und Blumen sät. Es lässt sich deshalb nicht einfach in die Kategorie »Gut« oder »Böse« einstufen, mit ihm haben wir weitgehend unseren Frieden gemacht.

Über Mücken und Milben, Blutsauger und Juckreizauslöser

Warum sie nicht aus Boshaftigkeit stechen und warum sie aus Sicht der Evolution wichtig sind

Beim Thema Blut und Biss denkt man fast unwillkürlich an Vampire, die uns das Leben oder zumindest das Menschsein aussaugen wollen. Beim Thema Stich und Biss an Skorpione und Giftstachel, die ihre Beute töten. Mücken und Flöhe sind dagegen einfach nur lästig, denn nichts liegt ihnen weniger im Sinn, als zu töten. Sie sind wie Rapunzels Mutter im Märchen getrieben von Schwangerschaftsgelüsten. Sie stechen uns nur, weil sie ein paar Tropfen von unserem Blut wollen, um Eier und Nachkommen produzieren können.

Wer in Gegenden mit hoher Stechmückenpopulation lebt, hat dafür wenig Verständnis und ist über jeden Blutsauger froh, den es weniger gibt. Aus Sicht größerer Tiere wie Frösche und Vögel sind es aber kleine, prall gefüllte Blutwürste, die wesentlich mehr Eiweiß bieten, als eine kleine Mücke eigentlich liefern kann. Schwalben und Mauersegler ernähren sich von diesen Fluginsekten und auch Fledermäuse, Wespen, Hornissen und Kröten. Und umgekehrt: Je mehr Vögel, Fledermäuse, Wespen und Amphibien es gibt, desto weniger Pikse für die Menschen. Artenschutz hilft also auch gegen Mücken.

Hallo, jetzt rede ich: die Stechmücke

Gemeine Stechmücke heiße ich, wobei »gemein« nicht meinen Charakter beschreibt, sondern »gewöhnlich« heißt. Und gemein sind wir auch wirklich nicht. Eigentlich sind wir ja alle Vegetarier, leben von süßen Pflanzensäften und Nektar. Die paar Tropfen Blut hole ich Mückenmama mir mit Präzisionstechnik: Erst den Rüssel ausfahren, ein bisschen tasten, bis ich die beste Stelle gefunden habe, einstechen wie mit einer Spritze, einer Doppelspritze, genauer gesagt. Die eine pumpt Antigerinnungsmittel in den Piks und mit der anderen sauge ich das flüssige Blut.

Das Blut dient nicht meiner Ernährung, ich schlürfe lieber Nektar und bestäube dabei auch den einen oder anderen Obstbaum. Die Proteine brauch ich für die Eier in meinem Bauch. Nach so einer Blutmahlzeit habe ich richtig Power und kann Eier legen. Etwa 200 Stück, und zwar ins Wasser. Das muss nicht viel sein, es reichen Regentonnen, Gießkannen, Pfützen, große Blätter, Vogeltränken. Lieber klein, aber dafür ohne räuberische Insekten, die meine Kinder fressen, oder Kaulquappen und so. Deswegen lege ich meine Eier auch fast nie in einen artenreichen und naturnahen Gartenteich, das würde keiner überleben.

Weil der Stich juckt, versucht Ihr zu verhindern, dass wir Euch stechen. Mit allerlei Gerät, UV-Wellen und Strombrutzlern oder Gift, was leider unzählige Insektenkollegen ebenfalls tötet. Uns eher nicht. Das Licht lockt uns an, aber die Feinnavigation machen wir über das CO_2 in der Atemluft. Spinnen am Fenster sind schon eher ein Hindernis, um in Eure Schlafzimmer zu kommen. Aber das bisschen Jucken. Das geht doch wieder vorbei. Und wir brauchen das Blut doch. Wenn es ganz unerträglich ist, wohnt Ihr leider in der falschen Gegend. Aber da weiß man meistens auch, wie man sich mit uns arrangiert.

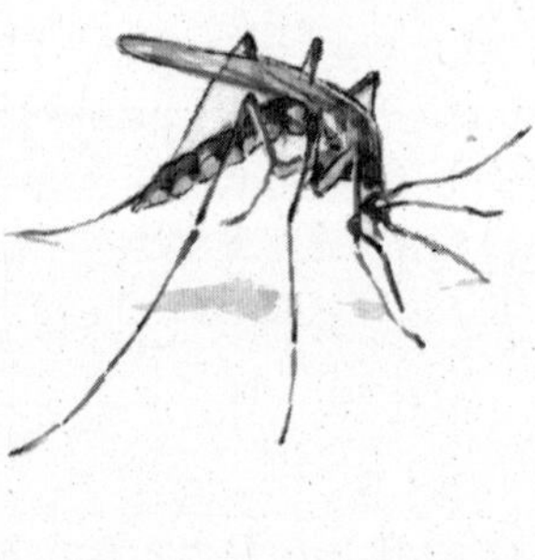

Hausmittel gegen Mückenstiche

Hat die Stechmücke zugeschlagen, helfen je nach Vorratslage folgende Mittel:

* Zitrone: wirkt antiseptisch und die Stiche heilen schneller. Ihre Säure kann ein bisschen brennen, »übertönt« so aber das lästige Jucken. Einfach eine aufgeschnittene Hälfte auf die Stichstelle drücken und den austretenden Saft anschließend einreiben.
* Zwiebel, Tomate, Kartoffel: enthalten Stoffe, die antibakteriell wirken, das Jucken und die Schwellung mindern. Aufschneiden und auf die Stichstelle legen.
* Auch Kälte hilft, deswegen in der Sommerzeit prophylaktisch immer Zwiebel und Zitrone im Kühlschrank bereithalten.
* Schnaps: Ein Stück Tuch oder ein Wattepad mit hochprozentigem Klaren tränken und auf die juckende Schwellung legen. Die Verdunstungskälte des Alkohols kühlt, außerdem desinfiziert er und betäubt leicht den Schmerz.
* Giersch: schnelle Hilfe aus dem Garten. Einige große, schon alte Blätter pflücken, der Gerb- und Wirkstoffanteil ist dann besonders hoch. Blätter zerquetschen und mit dem austretenden Saft die Stichstelle einreiben. Oder mit dem ganzen Pflanzenbrei einen Umschlag machen und für circa zwei Stunden einwirken lassen.

Ein kleiner Piks für den Menschen, ein großer Dienst für die Natur? Leider ist es so einfach nicht. Denn obwohl eigentlich relativ harmlos bis maximal lästig, sind Mücken gefährliche Tiere. Nicht unsere heimische Stechmücke, aber einige Mückenarten dieser Welt. Sich vor ihnen zu schützen, ist in vielen Regionen immens wichtig. Lebenswichtig.

Denn: Wer mit Blut hantiert und nicht penibel auf Hygiene achtet, fängt sich auch gleichzeitig und unweigerlich Bakterien und Viren ein und was sich sonst noch in der Mücke und auch in den gestochenen Tieren und Menschen befindet. Zwar passt nicht alles durch den schmalen Stechrüssel und nicht alles kann beim jeweils anderen überleben oder seine krankmachende Wirkung entfalten. Aber über die Jahrtausende hinweg haben einige Parasiten und Mikroben ausgeklügelte Systeme entwickelt, um sich zu vermehren, was zur Ausbreitung von Krankheiten führt: Malaria, Dengue, Zika, Borreliose, Fleckfieber, um nur ein paar zu

Und Fledermäuse?

Die Fledermaus ist ein Symbol für Vampire oder umgekehrt – stimmt aber nicht. Von den weltweit 950 Arten ernähren sich nur drei von Blut, sie leben in Mittelamerika bis Mexiko. Diese Vampire sind aber keine Ultraschall-Flugjäger, sondern hören und riechen ihre Futterplätze. Und sie haben so etwas wie eine eingebaute Infrarotkamera, um gezielt die Stellen an den Tieren zu finden, oft Kühen oder Pferden, wo die Adern warm und voll und dicht unter der Haut verlaufen. Sie landen vorsichtig, um das Tier nicht zu erschrecken, lecken sich die richtige Stelle zurecht, saugen dann die Haut in den Mund und beißen in diesen Zipfel ein kleines Loch hinein. Das war es schon. Und viel trinken sie nicht, ein so großes Tier wie ein Pferd wird davon kaum was merken.

Hierzulande sind Fledermäuse unsere Verbündeten: Stechmücken stehen bevorzugt auf ihrem Speiseplan. In jeder Nacht schreddert eine einzelne Fledermaus Hunderte bis Tausende davon.

nennen. Bestimmte Mückenarten sind mit bestimmten Erregern kompatibel, auch bei Flöhen und anderen Blutsaugern funktioniert das, siehe Pest. Die Überträger waren ja nicht die Ratten selbst, sondern Flöhe.

Damit ein Blutsauger – Mücke, Floh, Zecke – eine Krankheit auf einen Menschen übertragen kann, muss er sich an einem bereits infizierten Tier oder Mensch ebenfalls infizieren. Dann entwickelt sich die Mikrobe im Blutsauger weiter, und zwar so passgenau, dass sie in die Speicheldrüsen wandert und beim nächsten Stich in das nächste Tier. Die Mücken in unseren Breiten sind in dieser Hinsicht bislang harmlos. Denn selbst wenn sich eine gefährliche Art hierher verirrt, muss sie ja noch auf einen Träger des Krankheitserregers treffen.

Nicht immer sind es Mücken, die uns quälen. Es gibt Fliegen, die beißen, und Bremsen, die eigentlich Pferde und Rinder anfallen, aber auch beim Menschen nach dem schmerzenden Biss große Quaddeln hinterlassen. Und auch Flöhe wollen an das Blut der Gärtnernden.

Hallo, jetzt rede ich: der Vogelfloh

Wenn Sie im Frühjahr im Garten waren und hinterher heftig juckende rote Quaddeln hatten, dann war das wohl ich, der Vogelfloh. Es gibt auch noch Menschenflöhe in Deutschland, Katzenflöhe, Igelflöhe, Rattenflöhe, Hundeflöhe, insgesamt knapp zwei Handvoll Arten.

Wir Flöhe haben zwar unseren namensgebenden Lieblingswirt – aber hat die Stammkneipe geschlossen, gehen wir einen Block, sprich eine Art, weiter. Und meine Kneipe hat oft den ganzen Winter über zu. Wir folgen nicht dem Vogelzug in den Süden, sondern warten meist in den warmen Nestern auf die Rückkehrer oder darauf, dass jemand früher kommt: ein Siebenschläfer, ein Eichhörnchen oder eben eine Menschenhand, die den Nistkasten sauber machen will. Wir haben den ganzen Winter gehungert, da sind wir nicht mehr wählerisch. Hopps, und dann sind wir auf der Haut und suchen nach Stellen, in die wir beißen und Blut saugen können. Der Mensch hat jedoch im Vergleich zu Vögeln eine sehr dicke Haut, deshalb versuchen wir häufig, dünnere Hautstellen zu finden. Das gibt dann oft eine Reihe an Stichen, jede Quaddel ein Versuch. Jedes Mal denkst du, jetzt ist es die richtige Stelle, und wir arbeiten immer mit dem vollen Programm unseres Zweikanal-Stechapparat: Durch den einen Kanal saug ich Blut, durch den anderen pumpe ich Speichel in den Stich, der alles schön locker und flüssig hält und später bei Euch juckt. Wenn es dann nicht klappt und ich neu ansetze, juckt es am Ende überall. Wir Vogelflöhe tun nichts weiter. Wenn Ihr dann kratzt, kann es aber passieren, dass sich die Haut entzündet.

Süßes Blut

Um Mücken ranken viele Mythen, einer ist der von dem süßen Blut. Was genau damit gemeint ist, kann keiner so wirklich sagen. Mehr Blutglukose als bei anderen? Sind dann Diabetiker je nach Insulinstand besonders anziehend? Wohl eher nicht. Stand der Forschung ist, dass das ausgeatmete CO_2 die Mücken anzieht und auch unser Körpergeruch. Je intensiver der ist – aus genetischen oder hygienischen Gründen –, desto anziehender wirkt ein Mensch auf Mücken.

Erstaunliche Flöhe

So toll ist es gar nicht wirklich, was Flöhe können, auch wenn uns oft vorgerechnet wird, wie hoch ein Mensch springen können müsste, wenn er so toll wäre wie der Floh – einfach mal hops über den Kölner Dom. Aber auf was sollte ein menschengroßes Raubtier denn so hoch springen wollen? Flöhe haben diese Sprungkraft, um auf ein Wirtstier zu gelangen, und weil sie sehr klein und leicht sind, ist es ihnen auch ein Leichtes, sich in die Höhe zu schnellen. Flöhe, die keine Säugetiere, sondern zum Beispiel Vögel bevorzugen, springen übrigens nicht.

Dass sich Flöhe bei ihren Sprüngen nicht wehtun, liegt ebenfalls an ihrer Leichtigkeit. Anders als ein schwerer Mensch, der im freien Fall mit der Schwerkraft nach unten rauscht, segeln sie zur Erde und haben am Ende so wenig Energie angesammelt, dass sie sanft landen.

Wer massiv von Flöhen belästigt wird, vielleicht sogar im Haus, fängt am besten ein Exemplar und übergibt es den Behörden. Tot, aber nicht zerquetscht, damit man das Exemplar genau bestimmen kann. Und dann sollte man einen Profi damit beauftragen, sich der Flöhe im Gebäude zu entledigen.

Vorbeugend kann man gegen Vogelflöhe bei der Gartenarbeit Gummistiefel, lange Hosen und Handschuhe tragen. Und die Vogelnistkästen im Winter möglichst bei Frost säubern und das Nistmaterial in einer Tüte in den Müll (bitte nicht in den Kompost) geben. Bei Frost oder niedrigen Temperaturen sind Flöhe inaktiv und belästigen niemanden. Allerdings überwintern in den Vogelnestern ja oft Tiere, von der Haselmaus bis zur Hummelkönigin. Da ist es ein bisschen Abwägungssache, wie viel man um des lieben Friedens willen an möglicher Stichgefahr auf sich nimmt.

All diese aus Menschensicht oftmals widerlichen und überflüssigen Parasiten besiedeln, anders betrachtet, auch nur einen Lebensraum. So wie die Fische das Wasser und wir das Land, besiedeln diese Organismen andere Lebewesen. Warum so viele Ressourcen ungenutzt lassen? Auf und in unserem Körper leben Billionen Lebewesen, die meisten sind ein Team mit uns, Darmbakterien etwa.

Aber oft meint man mit Parasiten eher die, die eben nicht auf Teamarbeit aus sind. Blutsauger und Mitesser. Sie sind der Preis für Komfort und

Sicherheit. Tiere und Menschen, die sich entscheiden, sesshaft zu werden, haben es bequem. Sie können aber auch gut von Parasiten gefunden werden. Und wenn sich Tiere und Menschen im Rudel zusammenschließen, haben sie Sicherheit und Arbeitsteilung. Aber eben auch mehr Parasiten.

Da die meisten Parasiten aber aus Eigennutz daran interessiert sind, eine ausreichende Zahl an Wirten am Leben zu lassen, ist der Preis bezahlbar. Und bezogen auf die ganze Art, können die Plagegeister sogar wichtig sein. Nehmen wir als Beispiel noch mal ein Vogelnest und die Flöhe und was dort sonst noch alles kreucht und fleucht. Die Parasiten halten die Vögel evolutionär gesehen auf Trab. Die Fitteren entwickeln mit der

Kleines Mückenglossar

Mücken, Schnaken, Gelsen – wer ist wer? Am besten fangen wir einfach vorne an: Rein biologisch-systematisch sind es alles Mücken – sie gehören zur Ordnung Zweiflügler und zur Unterordnung Mücken. Aber nicht alle Mücken sind Stechmücken. Gelsen schon, das ist das österreichische Wort für Stechmücke und auch gleichbedeutend mit dem mittlerweile sehr gebräuchlichen aus dem Spanischen stammenden »Moskito«. Stechmücke, Gelse, Moskito sind also ein und dasselbe. Schnaken nicht. Sie sehen ihnen zwar durchaus ähnlich, sind allerdings sehr viel größer, aber sie haben keine zum Hautdurchstechen und Blutsaugen gemachten Mundwerkzeuge, sie ernähren sich von Nektar und anderen Pflanzensäften. Allerdings heißen Gelsen, Moskitos und Stechmücken tatsächlich mancherorts auch Schnaken; während Schnaken je nach Region auch Bachmücken, Langbeinmücken oder Pferdemücken genannt werden – und namentlich manchmal sogar mit Weberknechten in einen Begriffstopf geworfen werden, weil für beide Tiere auch Namen wie Schneider und Schuster gebräuchlich sind. Weberknechte sind allerdings Spinnentiere und haben – als wichtigstes Unterscheidungsmerkmal: keine Flügel.

Es gibt übrigens auch Fliegen, die stechen, obwohl sie so aussehen wie normale Stuben- der Schmeißfliegen. Außerdem gibt es noch Kriebelmücken, die zahlreich an Weiden, Bächen und Flüssen leben und so winzig klein sind, dass man sie kaum sieht. Man bemerkt erst, dass man sie getroffen hat, wenn sich kleine Quaddeln bilden und es juckt und brennt. Die Tierchen, die man oft in großen Schwärmen ganz kribbelig hibbelig in großen Schwärmen in der Luft tanzen sieht, sind in der Regel nichtstechende Zuckmücken.

Zeit Abwehrstrategien. So haben sich viele Arten angewöhnt, neben dem eigentlichen Nistmaterial auch noch grüne Blätter in ihr Nest zu schleppen, in Indien die des Neembaums, bei uns wilde Kräuter. Die enthaltenen Duftstoffe haben die gleiche Funktion wie unsere Lavendelsäckchen oder Mottenkugeln. Bei Untersuchungen stellte sich tatsächlich heraus, dass in den Nestern mit diesem Grünzeug deutlich weniger Parasiten lebten und die Küken, die sonst manchmal sehr geschwächt aus dem Nest taumeln, besser und stärker ins Leben starten.

Parasiten begrenzen außerdem die Populationszahlen ihrer Wirtstiere. Es kommen nicht alle Vogelküken durch, sondern nur die widerstandsfähigsten. Im Sinne der gesamten Natur ist es durchaus richtig, dass nicht eine Art ungehindert durchmarschiert. Und genau das ist der Konflikt mit vielen adventiven Tieren und Pflanzen überall auf der Welt. Seit sie nicht mehr zu Fuß und in aller Ruhe kommen, sondern – zack – mit dem Flugzeug, haben sie ihre Parasiten erst mal nicht dabei. Und die Parasiten, die es in ihrer neuen Heimat gibt, haben für die Ankömmlinge noch keine Antennen.

Neben Mücken und Flöhen gibt es noch mehr Blutsauger in unseren Gärten. Im Herbst sind es die Milben, die auf unser Blut aus sind.

Ein Internet aus Parasiten

Parasitische Pflanzen sind aus Sicht der befallenen Pflanzen erst mal nur eine Plage, sitzen auf ihnen drauf, in ihnen drin, zapfen ihnen Lebenssaft und Nährstoffe ab. Aus Sicht der Evolution sind diese Pflanzen genau wie tierische Parasiten für die parasitierte Art so etwas wie ein Personaltrainer, der sie genetisch auf Trab hält, sich immer weiter zu entwickeln, besser anzupassen, besser zu schützen. Manchmal haben Parasiten auch einen direkten Vorteil für die Pflanzen. Manche verständigen sich untereinander über ein Netzwerk aus chemischen Signalen, so wie es das auch bei Pilzen gibt. Die befallenen Pflanzen sind zwangsweise mit an dieses Netz angeschlossen. Wird eine der Pflanzen von Schädlingen befallen oder angefressen, erfahren die anderen dies über das Netzwerk sehr früh. Sie können schnell Abwehrstoffe bilden und sich so möglicherweise schützen.

Hallo, jetzt rede ich: die Grasmilbe

Wir Milben sind Spinnentiere und eng mit den Skorpionen verwandt, aber eben so klein, dass man uns kaum erkennen kann. Ansonsten haben wir wenige Gemeinsamkeiten und es gibt große Unterschiede in unserer Sippe. Manche fressen Pflanzen, manche Aas und Abfall, manche kleine Tierchen, andere Hautschuppen und manche, so wie ich, ernähren sich von Zellsäften und Lymphe, nicht von Blut. Eigentlich nuckele ich lieber an Mäusen und Katzen. Dann muss ich nicht so lange rumlaufen und eine gute Stelle zum Stechen suchen. Dauert ja oft schon lange, bis endlich mal jemand von Euch vorbeikommt. Ich sitze gerne auf Blumen und Sträuchern oder im Rasen und warte auf einen potenziellen Wirt. Auf den lasse ich mich dann fallen und wenn ich dann eine schöne feuchtwarme, dünnhäutige Stelle gefunden habe, ritze ich die Haut an und gebe ein bisschen Spucke drauf, sodass sich das Gewebe auflöst. Dann docke ich an und lasse mich volllaufen. Bin ich satt, lasse ich mich – gerne wieder im Garten – abfallen, verwandle mich von der Larve zur fertigen Milbe und suche mir ein neues Domizil im Boden, wo ich den Winter verbringe. Im Frühjahr lege ich Eier, aus denen Larven schlüpfen, die sich dann ein Säugetier suchen, das sie ernährt.

Bei Euch jucken die Stellen ein paar Tage lang. Tut mir leid, aber es geht ja wieder vorbei.

Streifenbeinmücke

Die Asiatische Tigermücke ist in den Schlagzeilen; sie taucht immer mal wieder in unseren Breiten auf und ist in ihren ursprünglichen Gefilden und Sümpfen Krankheitsvektor für Dengue, Zika und Malaria. Ihr Kennzeichen sind die gestreiften Beine. Wer im Sommer ein eher großes Mückentier im Streifenlook sieht, erschreckt vielleicht, hat aber vermutlich nur die heimische harmlose Ringelmücke vor sich. Die Tigermücke ist sehr viel kleiner.

Und die Moral von der Geschichte über die Blutsauger: In unseren Breiten sind sie nervig, und zwar in erster Linie wegen der juckenden Quaddeln, die sie hinterlassen. Gefährlich sind sie nicht.

Hierzulande ist die größte Gefahr noch eine allergische Reaktion. Kratzen hilft zwar gegen Jucken, weil der Schmerz schneller ans Gehirn geleitet wird und der Juckreiz überdeckt wird. Gleichzeitig aber verteilt man aber die juckenden Substanzen damit noch mehr. Wird der Stich aufgekratzt, kann er sich entzünden.

Das Wichtigste ist also, den Juckreiz abzustellen. Das geht gut mit Hausmitteln oder mit kühlenden Gels, Antihistaminika oder Salben aus der Apotheke.

Das Beste gegen Stiche ist aber die Vorbeugung, auch wenn sich die Tipps zum Teil widersprechen: Denn gegen Stechmücken hilft helle Kleidung, Herbstmilben werden davon geradezu angezogen. Lange Kleidung ist aber auf jeden Fall zu empfehlen, sinnvoll ist es, Socken über die Hosenbeine zu ziehen und eng anliegende Ärmel zu tragen. Und nach der Gartenarbeit umziehen und duschen. Duschen ist sowieso gut, da Schweißgeruch noch andere Insekten anzieht, und es freut auch geruchsempfindliche Mitmenschen. Wie man sieht: Parasiten und Blutsauger bringen auch in dieser Hinsicht die Zivilisation voran.

Über Ameisen und andere massenhaft krabbelnde und schwirrende Tiere

Warum massenhaft auftauchende Tiere Urängste hervorrufen, aber selten wirklich schlimme Schäden verursachen

Wir beginnen mit einem Tier, das in unseren Breiten gar kein Problem und selten zu sehen ist, in unserem Sprachgebrauch aber oft auftaucht: beispielsweise wenn man über pubertierende Kinder spricht, die hungrig wie Heuschrecken ein ganzes Brot vertilgen, oder über rücksichtslose Finanzinvestoren, die Unternehmen aufkaufen und plündern. Heuschrecken zählen zu den biblischen Plagen, in Scharen und Schwärmen haben sie in früheren Zeiten auch bei uns Felder leer gefressen. So ist in unserem kollektiven Gedächtnis die Angst vor Massen an Insekten fest eingebrannt.

Solche Tierplagen erklärte man sich früher, wie das Wetter oder Naturkatastrophen wie Erdbeben und Überschwemmungen, mit göttlichem Willen. Heuschrecken sind im Alten Testament eine beliebte Strafe für die Menschen. Außerdem wusste man wenig über Insekten, sie galten als Teufelsgetier und nicht als Gottes Schöpfung, und man dachte, dass sie wie aus dem Nichts und aus Exkrementen oder aus Leichen entstehen. Umso apokalyptischer die Angst, wenn Wanderheuschrecken dann tatsächlich in Scharen auftauchten – die Chemtrails des Mittelalters.

Denn in einzelnen Jahren war es in Mitteleuropa überdurchschnittlich warm und diese Heuschrecken schafften es aus den südlichen Gefilden auch bis hierher. Der Himmel verdunkelte sich, ein Schwirren war in

Ameisen sind auch nur Wespen

Rein biologisch und systematisch gehören Ameisen wie Bienen, Wespen und Hummeln zu den Taillenwespen und den Hautflüglern. Optisch passen sie aber so gar nicht zusammen, nur einmal im Jahr, wenn auch die Ameisen Flügel haben. Im Sommer gibt es irgendwann nicht mehr nur die für Nestbau, Brutpflege, Jagd und Verteidigung zuständigen Arbeiterinnern, sondern auch Jungköniginnen und Männchen mit Flügeln. Ihr Zweck ist die Fortpflanzung und fast zur selben Zeit fliegen sie los. Alle zusammen, was vermutlich das Risiko mindert, gefressen zu werden: Irgendwann sind die Vögel und Fledermäuse satt und am Ende kommen genug Ameisen durch und schaffen es, sich zu paaren. Die Männchen sterben nach der Hochzeit, die schwangere Königin sucht sich ein schönes Plätzchen, wirft die Flügel ab und beginnt mit dem Eierlegen. Sollten einige liebestolle Tiere bei Ihnen ins Haus rauschen, bringen Sie sie einfach wieder hinaus. Der Zeitpunkt dieser Massenflüge ist ebenso wie auch das Auftreten massenhaft gleichzeitig schlüpfender Eintagsfliegen für Vögel, Fledermäuse oder Spinnen ein Tag zum Sattessen.

der Luft und wenn die Tiere gelandet waren, hörte man nur noch das Fressen. Wiesen und Felder wurden von ihnen wie systematisch abgeerntet und das zur Gänze. War die Ernte schon eingefahren, fraßen die Tiere auch zum Teil die Scheunen leer. Allerdings wurde es dann doch nach jedem Sommer wieder herbstlich kühl und feucht und die Heuschreckenscharen starben. Alles- und fleischfressende Haustiere schlugen sich an dem Überangebot an Eiweißfutter die Bäuche voll, was man damals ziemlich eklig fand. Heuschrecken waren bei uns insgesamt aber weniger bedrohlich, als sie sich anfühlten.

Im Nahen Osten oder in afrikanischen Ländern haben Heuschreckenplagen auch heute noch biblische Ausmaße und gehören zur Landwirtschaft dazu wie die Unbill des Wetters. Hierzulande sind Heuschrecken wie der Gemeine Grashüpfer oder das Grüne Heupferd selten geworden. Vor einem »Schwarm« oder einer »Schar« haben viele Menschen immer noch Angst, aber dann sind es andere Arten, Ameisen zum Beispiel.

Ich mag Ameisen, ich bin auf dem Land aufgewachsen, rundherum kleine Waldstückchen und auf dem Weg zum Kletterbaum gab es einen »Feuerameisenhaufen«. Es war eine Mutprobe, sich von den Tieren beißen zu lassen und das wimmelige Vergnügen zu beobachten, besser als jede Puppenstube und Spielfigurenlandschaft. In meinem Stadtgarten jetzt sind nur ganz kleine Krabbler unterwegs, und vielleicht hilft mir auch mein naturwissenschaftliches Wissen, ohne Ameisenexpertin zu sein, deren großartiges hocheffizientes Leben gut zu finden. Wenn ich anderen erzähle, dass und wo ich Ameisen im Garten habe, merke ich aber schnell, dass die wenigsten so denken. Denn es hagelt sofort Mitleid, Warnungen und Tipps, wie Abhilfe zu schaffen sei.

Hallo, jetzt rede ich: die Ameise

Also, auf so eine Vorstellungsrunde habe ich eigentlich gar keine Lust, und schon gar nicht darauf, Euch zu erklären, warum wir toll, nett und nützlich sind. Wir sind länger da als Ihr, wichtiger für die ökologischen Kreisläufe und außerdem sind wir mehr. Zehntausend Billionen geschätzt, das macht circa eine Million pro Mensch. Also, was soll das? Wir hatten schon unser komplexes Sozialstaatswesen, als Ihr Euch noch mit Holzkeulen auf Eure Höhlenmenschenköpfe gehauen habt. Und unsere ausgeklügelte chemische Kommunikation und die Schwarmintelligenz mit Eurem Internet und Eurer Sprache zu vergleichen, lächerlich!

Unser Erfolgsrezept ist die Arbeitsteilung, für alles jeweils einer, statt einer für alles. Ich erkläre es mal so: Ein Schmetterling, eine Heuschrecke, ein Käfer muss alles alleine machen: Nistplatz finden, Nest bauen, Partner umwerben, Eier legen, Futter suchen, sich vor Feinden schützen. Bei uns gibt es die Königin, die sich einmal im Leben mit ausreichend Sperma befruchten lässt und dann die ganzen Tage nichts anderes macht, als Eier zu legen. Aus denen schlüpfen dann Arbeitsameisen, die sich um den Nestbau und das Futter kümmern; andere füttern die Brut und ziehen sie groß, es gibt außerdem Putzkolonnen und Soldaten.

Wir leben überall auf diese Weise und doch hat jede Art und jeder Staat eigene Regeln und Gesetze. In Euren Gärten zum Beispiel, da gibt es meist verschiedene Wiesenameisen oder Wegameisen – so habt Ihr sie genannt, weil Ihr sie entweder in der Wiese krabbeln seht oder sie Euch über den Weg laufen. Und wir laufen viel – nicht alle, manche buddeln auch nur kleine Nester unter der Erde und bleiben dort in ihren Häufchen und züchten ihre Wurzelläuse und ernähren sich bescheiden von deren Honigtau.

Aber die meisten sind doch viel unterwegs. Wenn man keine Wurzelläuse, sondern Blattlausherden hat, muss man sich ein bisschen kümmern. Man muss aufpassen, dass sie möglichst in der Nähe des Nestes fressen, damit die Wege nicht so weit sind, und dass sie nicht versuchen, zu weit weg zu neuen Pflanzen zu fliegen – dafür lassen sie sich dann extra Flügel wachsen, aber wir beißen immer ein Stückchen ab und dann geht das rein physikalisch nicht mehr. Aber wir passen ja auch gut auf sie auf, verjagen Marienkäfer und deren Larven, Florfliegenlarven und andere Tiere, die sie fressen wollen, knabbern ihnen Pilze vom Rücken und wenn es regnet, tragen wir sie ins Trockene. Wir Ameisen sind stark und können ein Vielfaches unseres Eigengewichts tragen und ziehen, aber so ein Läuschen wiegt ja nicht viel. Ansonsten sind wir rund um die Uhr unterwegs, um Insekten zu jagen und Samen zu sammeln, denn wir sind ganz verrückt nach deren süßen Anhängseln. So wie Ihr nach Schokolode. Samen um Samen schleppen wir in den Bau, um damit den Nachwuchs zu füttern, und oft kann man nicht widerstehen und futtert unterwegs die Köstlichkeit schon auf. Der Rest bleibt liegen und daraus wächst dann dort eine neue Pflanze, so verbreiten wir nebenbei noch Blumen, malerischer und fleißiger, als Ihr es könntet. Außerdem fressen wir jede Menge Insekten und sind selber auch eine wichtige Nahrungsquelle für andere.

So, jetzt sagt mir mal, warum Ihr so eine panische Angst vor uns habt? Wegen der Sandhäufchen? Weil Ihr Angst habt, dass wir ins Haus kommen? Also, manche Arten bauen ihr Nest tatsächlich am liebsten in Euren Behausungen, da würde ich denen halt unmissverständlich klarmachen, dass sie das nicht sollen. Ihr wisst schon, wie ich das meine. Wir Ameisen sind auf das Thema Frieden nicht so wild, keine würde es einfach hinnehmen, wenn ein anderer Staat einfach bei ihr einzieht.

Wir Gartenameisen haben aber keinerlei Interesse daran, wirklich bei Euch einzuziehen. Wenn beim Hochzeitsflug mal eine Königin ins Haus rauscht, dann ist das ein Versehen. Und wenn Arbeiterinnern vorbeischauen, erst recht. Einfach wieder raus damit. Ganz ehrlich, es gibt es also keinen Grund, zu versuchen, uns loswerden. Abgesehen davon, dass es sowieso nicht funktioniert, und selbst wenn, Ihr würdet Euer ganzes Grundstück mit Gift und Feuer in einen Wüstenplaneten verwandeln, was manche ja tun – und auch dann, so lautet meine Prophezeiung, kommt irgendwann eine Ameise und besiedelt den Wüstenplaneten von Neuem.

Wie gesagt, ich mag Ameisen. Im Garten.

Jeder hat unterschiedliche Toleranzgrenzen. Meine ist sehr hoch, das weiß ich. Zwischen »da krabbelt was, wie toll« und »da krabbelt was, huch, das erschreckt mich« und »da krabbelt was und das muss weg« liegt eine große Bandbreite. Bevor aber zum Vernichtungsfeldzug geblasen wird, sollten sachliche Argumente vorliegen.

Es gibt viele Krabbeltierchen, die tun gar nichts, außer da zu sein, egal, wie viele es werden. Viele Wanzen zum Beispiel. Sie sind wirklich harmlos, auch wenn die Wanzen wegen einer einzigen Verwandten ziemlich in Misskredit stehen. Bettwanzen tauchen immer mal wieder auf, nisten sich in Betten ein und kriechen nachts aus den Matratzenritzen, um Blut zu saugen.

Bettwanzen holt man sich aber nicht aus dem Garten. Die Wanzen dort sind hübsch, vielfältig, kunterbunt, extrem anpassungsfähig und vollkommen harmlos. Fast alle saugen lediglich Pflanzensäfte. Manche stinken. Wenn sie sich in Gefahr wähnen, sondern sie ein wirklich schlimm riechendes Sekret ab. Stinkwanzen sind oft besonders schön, weil sie schon mit ihrem leuchtenden Rot und Orange signalisieren, dass sie ungenießbar sind und sie es sich leisten können, so auffällig zu sein. Ein potenzieller Fressfeind wird es sich zweimal überlegen, sie anzugreifen. Andere duften auch nach Birne, Kirsche, Zimt oder Vanille. Die kleinen, unscheinbaren Blumenwanzen sind nicht ganz so hübsch, halten aber andere nervende Insekten auf Abstand. Sie leben auf Blättern und Blüten von Sträuchern und Bäumen und jagen Blattläuse, Spinnmilben oder Schildläuse. Und die auch oft Feuerkäfer genannten Feuerwanzen zum Beispiel sind harmloser als harmlos und so lustig wie eine kleine Affenhorde.

Hallo, jetzt rede ich: die Feuerwanze

Wir sind viele, und Ihr habt bestimmt schon mal so kleine Haufen von uns rotschwarzen Krabblern gesehen. Wir lieben das Leben, die Sonne und die saftigen Blättchen, die dann sprießen, und das zeigen wir auch allen, warum auch nicht. Wir sind Wanzen und unsere Farbe ist eine Warnung an alle, uns besser nicht zu fressen, weil wir nicht sehr lecker schmecken. Schon bei den ersten schönen Tagen wollen wir nur raus aus den Mauerritzen und dunklen, warmen Ecken und Löchern im Boden, in denen wir den Winter verbringen, ach, und dann wird Liebe gemacht, stundenlang. Hinterteil an Hinterteil laufen wir dann herum, das Leben ist zu schön, um sich nur mit einer Sache zu beschäftigen. Zusammen vereint, genießen wir pärchenweise die Fülle der Natur, laufen herum, um neue Sonnenplätzchen zu finden und um einfach mit all den anderen zusammen zu sein. Und ein bisschen was fressen muss man ja auch, nur von Luft und Liebe leben, das geht nicht lange gut. Wir saugen Säfte aus alten Blättern und auch mal aus einem toten Tierchen, dafür haben wir Spezialrüssel.

Mehr gibt es über mich gar nicht zu sagen, ehrlich gesagt, weiß ich gar nicht, warum ich in diesem Buch bin. Weil wir oft in großen Massen auftreten? Aber das ist doch toll, Freunde zu treffen, dafür haben wir extra Duftstoffsignale, mit unserem Come-together-Pheromon rufen wir uns zu großen Gruppen zusammen, wenn einer gutes Essen, einen gemütlichen Ruheplatz oder eben auch schöne Sonnenflecken entdeckt hat: Alle herkommen, wir feiern das Leben!

Feuerwanzen sind, wenn überhaupt, ein kosmetisches Problem für ordentliche Gärtnerinnen und Gärtner. Sie werden im Übrigen auch nicht bei den biblischen Plagen erwähnt. Blattläuse ebenfalls nicht, auch wenn sich so mancher Rosen- und Gemüsegärtner aufführt, als wären die apokalyptischen Reiter unterwegs, wenn sie seine gepäppelten Pflanzen besuchen.

Hallo, jetzt rede ich: die Blattlaus

Grüne Blattlaus, gestatten, kommen wir mal gleich zur Sache. Das machen wir immer so, wir sind auch im Gartenjahr oft die Ersten, die loslegen. Ein paar Eier überwintern und von den ersten Sonnenstrahlen geweckt, schlüpfen wir aus. Paaren uns und dann kommen wir erst mal ohne Männchen über die Runden. Die Mütter gebären lebende Töchter, die schon bei der Geburt neue Blattläuschen im Bauch haben. Ein bisschen wie bei Euren Babuschka-Puppen. So sind schnell viele von uns da. Das sieht bestimmt manchmal ein bisschen wuselig und voll aus auf so einer Pflanze, und das ist es auch. Aber wir sind leicht, die meisten Blumen merken das gar nicht, und auch beim Saftsaugen sind wir so sanft wie möglich. Unser Mund ist wie ein spitzes Rohr, das piksen wir der Blume ganz vorsichtig unter die Haut, nur so weit, bis wir an ihren zuckerreichen Pflanzensaft kommen, und trinken uns daran satt. Wer viel trinkt, muss auch viel Pipi, und weil wir gar nicht so viel Zucker brauchen, sondern mehr die Mineralien, kommt auch davon viel wieder mit raus, das nennt Ihr Honigtau. Darauf wiederum sind viele andere Insekten ganz scharf, Bienen, Wespen, Schwebfliegen, Schmetterlinge und auch Ameisen. Die kümmern sich oft auch ganz gut um uns, schützen uns vor Regen, Kälte und Räubern. Pflücken uns Pilzsporen vom Fell und kicken Marienkäfereier vom Blatt. Einmal geschlüpft, fressen sich die Marienkäferlarven ja sonst durch uns durch wie der Marder durch eine Hühnerschar. Florfliegenlarven fressen uns auch, allerdings sind die nicht so dumm. Oder besser ihre Mütter. Die hängen die Eier an kleine Stängel – so hoch, dass die Ameisen da nicht drankommen.

Die Insektenheilige

Maria Sibylla Merian war eine der ganz wenigen Frauen, die bereits vor mehr als 300 Jahren Karriere machten: als Künstlerin mit ihren Blumengemälden, deren Schönheit auch heute noch berührt; und als Wissenschaftlerin, die damals die moderne Insektenforschung aus der Taufe hob. Schon als kleines Mädchen hatte sie in Kistchen, Dosen und Schachteln alle möglichen Insekten gesammelt, gefüttert und beobachtet, wie kleine, blasse Larven sich nach und nach in prachtvolle Schmetterlinge verwandelten. Zu Merians Zeiten galten Insekten als Teufelsgetier und nicht als Gottes Schöpfung; über deren Lebensweise und die faszinierenden Stadien der Metamorphose war fast nichts bekannt. Merian wurde 1647 in Frankfurt am Main geboren. Ihr Vater Matthäus Merian war ein für seine Stadtansichten berühmter Kupferstecher; ihr Stiefvater Jacob Marrel, ebenfalls erfolgreicher Maler, erkannte und förderte Marias künstlerisches Talent als Blumenmalerin. Mehr und mehr »schmuggelte« sie wunderschön und hundertprozentig exakt gezeichnete Larven, Puppen, Raupen, Falter, Käfer und Schnecken in ihre Bilder – der Malstil, für den sie berühmt geworden ist, war entstanden.

Viele Pflanzen werden nur von einer speziellen Blattlausart besucht. Manche Blattläuse saugen auch nur an den Wurzeln, von denen merken wir dann gar nichts. Blattlausbesatz tötet selten die Pflanze, meistens ist es der Gärtnernde selbst, der den Holunder stutzt, den Salbei vernichtet und die Margeriten rausreißt, weil sie Blattläuse haben. Und auch wer nicht mit Gewalt und Gift, sondern mit harmlosem, essbarem Speiseölgemisch die Blattläuse vernichtet, sollte sich fragen, ob das nötig ist. Das Öl verklebt nicht nur den Läusen die Tracheen und lässt sie ersticken, auch anderen Insekten schadet es. Auf den glitschigen Pflanzen rutscht jeder ab. Und eine vergiftete Blattlaus ist eine weniger, die der Nahrungskette aus Ameisen, Käfern und Florfliegen, Ohrenkneifern und Vögeln zur Verfügung steht. Ein Rädchen im Getriebe weniger. Sie in Ruhe zu lassen, ist ein Beitrag zu einem funktionierenden Naturgarten, und der ist die Grundlage, um in Frieden gärtnern zu können. Und wenn Ihnen die krabbelnden Massen auf den Blütenstängeln Angst machen, dann denken Sie bitte daran, dass die biblischen Zeiten lange vorbei sind.

Über Algen, Moos und Flechten oder anderen ungeliebten Bewuchs

Warum all diese Geschöpfe unseren Ordnungssinn stören, aber keinerlei Schaden anrichten

Der Begriff »Gärtnern« hat für mich eine größere Bedeutung als »einen Garten zu haben«. Es steht dafür, dieses Stück Land, das uns das Universum für einen Moment anvertraut hat, umsichtig zu verwalten. Eine Gärtnerin und ein Gärtner im Sinne dieses Buches achten nicht zuerst darauf, ob alles ordentlich und pflegeleicht ist und dem jeweiligen Trend der Gartenstilrichtungen entspricht. Oder ob nur das, was er selbst pflanzt und sät, wächst und gedeiht. Im Garten ist die Unordnung ökologisch gesehen die beste aller Ordnungen, vor allem wenn nicht nur bessere Erträge und schönere Pflanzen erzielt, sondern auch mehr Lebensräume für Pflanzen und Tiere geschaffen werden sollen. Allzu oft verselbstständigt sich aber in den Gärten die Ordnung zum Selbstzweck und die Kontrolle wird um des Kontrollgefühls willen ausgeübt. Was wir nicht selbst angepflanzt und eingeplant haben, muss weg. Grün soll da wachsen, wo wir es haben wollen, wo wir Steine gepflastert haben, nicht. Rasen ist Rasen, Terrasse ist Terrasse, Blumenbeet ist Blumenbeet. Aber selbst wenn die Plattenfugen malerisch bepflanzt werden, heißt es noch lange nicht, dass Moos und Algen sich dort ausbreiten dürfen. Wehe, wenn einfach etwas wächst, wo es nicht hingehört. Das wird unter wüsten Verwünschungen weggekratzt und gejätet, abgeflämmt und vergiftet. Als könnten wir damit eine Ordnung, die es in der Natur gar nicht gibt, wiederherstellen.

Algenblüte

Blühen im eigentlichen Sinne können Algen nicht. Algenblüte meint eine massenhafte Vermehrung der Pflanzen in einem Gewässer, sodass es grün und trüb und nicht mehr nach klarem Wasser aussieht. Grund sind oft zu viele Nährstoffe, die aus Abwässern der Haushalte und den Abflüssen stark gedüngter Wiesen und Felder hineingelangen. Das ist erst mal nicht schlimm, das kann sich aber ändern, wenn die Algen von Bakterien zersetzt werden, die dabei Sauerstoff verbrauchen. Viele Algen zu zersetzten, verbraucht viel Sauerstoff, der dann den anderen Lebewesen wie Fischen und Insekten fehlt. Schlimmstenfalls stirbt alles ab, und das Gewässer ist fast tot.

Hallo, jetzt rede ich: die Alge

Hallo, ich bin es, die Alge. Ganz genau kann ich gar nicht sagen, wie Ihr mich nennen könntet. Unter Euch Menschen ist die Zahl der Algenarten unbekannt und sehr umstritten, manche sagen, es gibt 30 000, manche drei Millionen. Außerdem seid Ihr Euch noch nicht mal einig darüber, was überhaupt zu den Algen zählt, vielleicht kommen deshalb auch die unterschiedlichen Zahlen zustande. Blaualgen heißen jetzt neuerdings zum Beispiel Cyanobakterien und sind auch keine Algen mehr. Sagen wir also, ich bin eine Alge, mehr tut nichts zur Sache. Die meisten wollen es eh nicht so genau wissen, sondern sie wollen uns einfach nur wieder loswerden, egal, ob wir den Rasen verschleimen und Grashalme ersticken oder die Terrassenplatten grün und glitschig werden lassen.

Dabei sind wir alle toll. Älter als alles Leben an Land. Wären wir damals nicht vom Meer aufs Land gekommen, wäre nie so was wie Eure Zivilisation dabei herausgekommen. Noch nicht mal Sauerstoff gab es ja am Anfang hier. Haben wir dann alles nach und nach wohnlich gemacht. Noch heute stammt die Hälfte des Sauerstoffs aus der Fotosynthese der Algen; und was wir so an CO_2 binden und dann mit auf den Grund unser Wohngewässer nehmen – ohne uns wäre die Kohlendioxidkonzentration in der Atmosphäre bestimmt doppelt so hoch.

Auch heute leben noch die meisten von uns im Wasser, im Meer, im See, in Bächen, Tümpeln, Pfützen und, nun ja, in Schwimmteichen auch. Algenplankton ist der Ursprung der Nahrungskette. Das fressen kleine Flohkrebse und anderer Krill, was dann wieder größere Tiere fressen, Salamander-Larven und Fische, die dann wieder von Fischen gefressen werden, und die von größeren Fischen und die von Vögeln. Ob große Meeressäuger oder Euer leckerer Fisch auf dem Teller: Ohne Plankton gäbe es das nicht.

Ich lebe wie gesagt auf dem Land, meine Vorfahren sind vor Millionen von Jahren angekommen. Und es gibt uns immer noch, ist das mal eine Leistung? Manche Forscher meinen, aus uns hat sich dann auch alles andere entwickelt. Moos, Farn, Kräuter, Blumen, Bäume, Gemüse. Die sogenannten höheren Pflanzen, größer, schöner, bunter, leckerer. Eure Erdbeeren und Eure Rasengräser, die Eichen und die Rosen.

Aber klar, einfach so als grüne Schicht auf der Terrasse sind Algen wenig beeindruckend. Manchmal auch glitschig, wenn das Wetter feucht und nass ist. Wen die Algen stören, muss schrubben, mit einem harten Besen oder einer Bürste oder einem Fugenkratzer. Oder vorbeugen: glatte Materialien nehmen, Staunässe vermeiden und mit mineralischen Stoffen arbeiten. Darauf wachsen weniger Algen, weil sie viel weniger Nährstoffe finden als auf Holz oder Kunststoff. Nur Luft und Sonnenlicht zum Leben reicht ihnen ja nicht.

Wer keine Algen mag, sollte sich gut mit den Insekten stellen. Weniger mit den beliebten Bienen und den schönen Schmetterlingen, sondern mit dem ganz, ganz kleinen Gekrabbel und Gewimmel im und auf dem Boden, das gerne Algen frisst: Springschwänze und Fadenwürmer oder die winzig kleinen Wimpertierchen.

Oft wachsen im Garten aber keine einzelnen Algen, sondern das, was manchmal aussieht wie ein Vogelschiss, wie Kaugummidreck oder wie Haare an den Bäumen und grün, gelb und orange schimmert. Das sind Flechten.

Etwa 2000 verschiedene Flechtenarten gibt es bei uns und es sind ganz besondere Lebewesen, besser gesagt Lebensgemeinschaften. Zwei und mehr unterschiedliche Organismen, die sich zusammentun und davon einen Vorteil haben: mehr oder besseres Essen, leichtere Fortpflanzung, andere Lebensräume, Schutz vor Feinden. Eine Flechtenart wird dabei jeweils aus einer bestimmten Alge und einem bestimmten Pilz gebildet. Manchmal ist es auch ein Cyanobakterium statt einer Alge und manchmal sind es zwei oder drei ganz unterschiedliche Pilze statt nur einer.

Das Reich der Pilze

Pilze besiedeln beinahe von Beginn an unseren Planeten. Ihre Körper sind die Hyphen, lange Fäden, und statt Zähne nutzen sie chemische Substanzen. So haben sie Felsen und Geröll gesprengt und aufgelöst, zu Sand und Erde gemahlen, aufgegessen kann man sagen. Sie haben die Algen aus dem Wasser an Land geholt und mit ihnen zusammen Sauerstoff produziert und die Atmosphäre geschaffen. Sie haben nach der Katastrophe, die den Dinosauriern ihre Existenz kostete, überlebt, weil sie kein Licht und keine Wärme brauchen, und die tote Natur wiederbelebt. Nach Ansicht mancher Forscher verdanken wir ihnen nicht nur unser Leben, sondern auch unsere zivilisierte Lebensweise. Ohne Hefepilze kann man kein Bier brauen und kein Brot backen – und ohne diese kulturellen Leistungen der Lebensmittelverwandlung hätte es keinen Grund gegeben, das Nomadentum aufzugeben. Seit Mediziner aus Schimmelpilzen das Antibiotikum entdeckt haben, sterben weniger Menschen an bakteriellen Infektionen.

Was sind Pilze: Tiere oder Pflanzen? Sie haben kein Gesicht und kein Fell, keine Augen und keine Beine so wie die Pflanzen, und sie wachsen aus der Erde. Aber sie können nicht selbst aus Licht und Luft Leben produzieren, sondern müssen andere und anderes fressen, um an Nährstoffe und Energie zu kommen, so wie die Tiere. Deswegen haben die Biologen sie in eine dritte eigene Kategorie eingeteilt. Der Biologe spricht von Reichen. Und das Reich der Pilze ist das älteste, größte und mächtigste.

Hallo, jetzt rede ich: die Flechte

Für Eure Fachleute mag das wahnsinnig spannend sein, welcher Pilz jetzt genau mit welcher Alge und welchem Bakterium warum und wie eine Zweier-, Dreier- oder Viererlebensgemeinschaft bildet. Ich denke, für Euch Hausgärtner ist das nicht ganz so relevant, und bevor es durcheinander geht: Also, wir sind die Flechte, einfach nur Alge und Pilz, fertig. Flechtenfamilie Mustermann sozusagen. Ich bin die Alge und mein Pilz meint, ich soll reden. Er hat keine Zeit und Wichtigeres zu tun. Er findet generell, er ist der Wichtigere von uns beiden und leider hat er da recht. Wir zwei zusammen können zwar Standorte besiedeln, an denen wir einzeln nicht lebensfähig wären, aber er könnte woanderes schon klarkommen und ich nicht, also zumindest nicht an Land. Wenn ich an Land bleiben will, komme ich ohne ihn nicht klar. Ich kann mich hier nicht festhalten, ohne Wurzeln, und vor allem kann ich kein Wasser aufnehmen. Seine Pilzhyphen geben mir Halt und schützen mich vor dem Austrocknen. Ich versorge uns dafür via Fotosynthese mit Energie, bin also für die Nährstoffe zuständig. Zusammen haben wir als Flechten die Erde zu dem gemacht, was sie heute ist. Also unsere Urahnen. Wir selbst nicht, wir können zwar ein paar Tausend Jahre alt werden, aber es ist ja viele Millionen Jahre her, als die ersten Vorfahren mit der Symbiose begannen. Also damals, als die Erde noch wüst und leer war, da lebten an Land nur die Pilze und der Rest des Lebens war im Ozean – es gab auch gar keinen Sauerstoff draußen in der Luft. Aber wir zusammen haben den Wüstenplaneten grün gemacht, nach dem gleichen System wie jetzt. Heute sind wir nur noch eine Randerscheinung. Weit über tausend verschiedene Symbiose-Paarungen gibt es allein hierzulande, aber wir Flechten zeigen uns immer seltener. Zu viel Stickstoff in der Luft und zu wenige Lebensräume, wo wir wachsen könnten. Und da, wo wir es tun, werden wir als Baumparasiten betrachtet oder von Mauern und Grabsteinen als »Dreck« abgekratzt und weggemacht. Ich finde, man könnte uns in Ehren halten. Oder einfach in Frieden lassen. Wir tun ja nichts.

Was tun gegen Vogeldreck?

Vögel haben eine flotte Verdauung und klecksen, wo sie sitzen, hopsen und fliegen – und wo sie nisten natürlich auch. In Großstädten kommt morgens, wenn sich Krähenschwärme, Tauben oder Halsbandsittiche zu Hunderten auf ein paar Bäumen zum Schlafen versammeln, täglich die Stadtreinigung vorbei, um die Hinterlassenschaften aus der Öffentlichkeit zu entfernen. Auch im eigenen Garten ist für viele der Dreck ein Grund, Schwalben und anderen Gefiederten das Nisten zu vermiesen. Was schade ist, denn Nistplätze sind eh schon rar. Und: Könnte man die Insektenvertilgungsleistung einer Schwalbe in Spraydosen verkaufen, wäre es ein Verkaufshit im Supermarktregal. Ein friedlicher Kompromiss für diesen Konflikt ist ein sogenanntes Kotbrett, das ein Stück unterm Nest angebracht wird. Das wird dann vollgekleckst und am Ende der Brutsaison entsorgt. Aber eben nicht mehr die Wand und der Fußboden. Dicke Pappe, regelmäßig ausgetauscht, hilft auch. Wer putzen will, sollte den Kot regelmäßig entfernen, bevor er trocken ist und die Verdauungssäfte ätzend wirken können. Einweichen und abwischen mit Wasser, Lappen und ein bisschen Spülmittel. Da, wo Vogelkot nicht stört, kann er bleiben. Er ist nährstoffhaltig und Nahrung für viele kleine Lebewesen.

Flechten sind keine Parasiten, die ihren Wirten Energie, Nährstoffe und Mineralien abzweigen würden. Sie nutzen Pflanzen und Baumrinde lediglich als Wuchsort, so wie sie auch Steine und Erde nutzen. Ihre Bedürfnisse decken sie selbst, aus dem Grund haben sie sich ja zusammengeschlossen. Anders als Pilze, wenn sie alleine unterwegs sind. Viele der landläufig als Pflanzenkrankheiten bezeichneten Erscheinungen sind durch Pilze verursacht, allein die verschiedenen Mehltauarten füllen Bücher.

Hallo, jetzt rede ich: der Mehltau

»Die Bürokratie liegt wie Mehltau über dem Land«, das ist ein geflügeltes Wort bei Euch Menschen. Wie Mehltau heißt: erstickend, lähmend, überall. Welcher Mehltau denn bitte schön? Als gäbe es nur einen. Es gibt für jede Pflanze einen eigenen, für Phlox, Ahorn, Astern, Rittersporn, Gurken, Zucchini, Möhren oder Schwarzwurzeln, es gibt den Apfelmehltau und den Stachelbeermehltau, Rosenmehltau und jeweils einen für Wein, Klee, Tomaten, Zuckerrüben, Tabak, Kohl oder Kopfsalat. Allen gemeinsam ist, dass wir alle mehr oder weniger Pilze sind. Und in zwei große Gruppen eingeteilt werden können, die Echten Mehltauarten und die Falschen Mehltauarten. Die erkläre ich vielleicht mal genauer, denn das weiß von Euch ja kaum jemand.

Während sich der Echte Mehltau überwiegend auf der Blattoberseite befindet, ist er beim Falschen Mehltau eher auf der Blattunterseite. Echter Mehltau mag es trocken und warm, dann kann das, was der Wind oder die Blütenbesucher so alles en passant an Sporen mit sich bringen, wunderbar zu einem neuen Pilzkörper keimen, der dann seine Hyphen in die oberste Schicht der Pflanzenzellen schiebt, sie zu einem Geflecht ausbaut und sich ein bisschen von der Pflanze miternähren lässt. Er wächst und gedeiht und zeigt sich in großen weißen Flecken auf den Blättern, Blüten und Stängel.

Falscher Mehltau mag es lieber feucht, das Wasser auf den nassen Blättern schwemmt die Pilzsporen durch kleine Spaltöffnungen in das Blattinnere. Auf der Unterseite der Blätter wächst dann das Pilzgeflecht zu weißgrauen bis violettgrauen Belägen.

Beiden Arten gemeinsam ist, dass Ihr denkt, das Blatt stirbt ab oder sogar die ganze Pflanze. Aber das dauert doch ziemlich lange. Woher wollt Ihr dann noch wissen, dass wir das waren? Vielleicht wird es ja auch einfach Herbst? Erst mal können viele Pflanzen ganz gut mit mir leben. Allerdings gibt es in Euren Gärten auch viele Pflanzen, die einfach nicht so fit sind. Zimperliche Exoten, Blumen, die an einem völlig falschen Standort wachsen müssen. Da ein bisschen drauf zu achten, auf eine passende, gute Umgebung und auf gesundes Bodenleben, hilft viel mehr, als mit Gewalt und Chemie die Natur noch mehr aus dem Takt zu bringen. Wenn Euch die weiß bemehlten Stellen aus optischen Gründen stören, schneidet die doch weg oder wischt die Beläge ab. Allerdings: Mehltau ist für viele Marienkäferarten Nahrung und manche ernähren sich ausschließlich davon. Und auch vieles andere hier nicht weiter benannte Kleinvieh weidet auf den Pilzwiesen. Fressen und gefressen werden, so sagt Ihr doch?

Viele Pilze sind essbar und wichtige Nahrungsquellen für Tiere und auch Menschen. Auch Flechten sind übrigens essbar. In Skandinavien sind sie für Rentiere und Elche in den Wintermonaten fast die einzige Nahrung. Auch Milben, Schnecken und manche Schmetterlingsraupen ernähren sich von Flechten, die des Flechtenbärchens zum Beispiel. Auch Menschen haben immer mal wieder Flechten auf dem Speisezettel, wenn auch eher als Notration und nicht als Delikatesse. Man sollte also immer mit allem und jedem pfleglich umgehen, wenn nicht aus einer friedlichen Grundeinstellung heraus, dann wenigstens, weil man nie weiß, wozu es noch mal gut sein könnte. Auch mit den Moosen, die je nach Lesart außer schön oder hässlich zu sein, angeblich zu nichts nutze sind.

Hallo, jetzt rede ich: das Moos

Gestatten, mein Name ist Moos, Sparriges Kranzmoos, um genau zu sein. Aber das interessiert Euch vermutlich nicht. Für manche meiner vielen Verwandten habt Ihr im Alltag noch nicht mal ein anderes Wort außer Moos. Schade eigentlich, Euren Blumen habt ihr so schöne Namen gegeben, Gänseblümchen oder Hahnenfuß, wie wäre es für uns mit Vogelbettchen, Mauerkissen, Rasensamt? Das wären schöne Worte. Aber die meisten bemerken nur, dass ich in ihrem Rasen wachse und störe. Aber egal. Ich will nicht klagen, ich bin wie das Veilchen im Moose, kennen Sie den Spruch? Sittsam, bescheiden und rein. Und das Moos ist noch bescheidener, nur die Trägermasse fürs Veilchen. Deko für Eure Weihnachtskrippe ... Dass es so weit kommen konnte.

Dabei sind wir die ältesten Landpflanzen der Erde, vor Hunderten Millionen Jahren direkt aus den Algen entstanden. Das erklärt auch, dass wir so »einfach«, wie ihr es formuliert, gebaut sind, altmodisch, unfortschrittlich könnte man auch sagen. Nicht wie heutige Gräser, Blumen und Kräuter. Wir Moose haben keine sogenannten Leitgefäße, die das Wasser transportieren können, wie sonst die Pflanzen und wie bei euch die Adern das Blut. Das Wasser nehmen wir durch unsere Blättchen auf, deswegen wachsen wir auch gerne, wenn es feucht ist. Wir haben auch kein Stützgewebe. Deswegen sind wir so klein und wachsen platt am Boden.

Verstehe ich gar nicht, wie Ihr dann denken könnt, wir wären eine Gefahr. Ich mache nichts kaputt und auch keinen Dreck. Allenfalls die Amseln, die mich als Nistbaumaterial benutzen. Und bevor Ihr grummelnd und seufzend zur Bürste greift, um mich und die Meinen wegzuschrubben und abzukratzen, schaut Euch uns kleine Wunderpflanzen doch erst mal an. Wo Ihr eh schon auf den Knien liegt. Das soll jetzt kein Eigenlob sein, ich bin ja keine stolze Rose, aber: Bin ich nicht schlicht schön? So weich, grün, sanft. Wie die kleinen Wassertropfen sich wie Perlen auf mir sammeln, und ja, fasst mich ruhig an und erlebt das samtige Gefühl. Wer mich jetzt trotzdem von der Mauer kratzt, dem ist bei seiner Suche nach Frieden im Garten nicht zu helfen.

Schon der große Gartenbaufürst Pückler, das ist der mit den tollen Parks, in denen er sogar ausgewachsene Bäume verpflanzt hat, hat gesagt, dass »die Vorurtheile gegen Moos falsch seyen. Denn es bildet im Schatten der Bäume, wo es kein Gras aushält, einen Teppich, der an Weiche dem Sammet ähnelt«. Stimmt. Hat sich aber noch nicht überall rumgesprochen. Viele halten Moos in ihrem Rasen für ein Monster, das dem Gras Platz und Wasser wegnimmt. Ausrutschen kann man auf ihm auch, und außerdem ist es nicht trittfest. Das ist zwar ein Widerspruch, aber wenn man es stellenweise unbedingt loswerden will, dann bitte nicht mit Gift, egal, ob mit Eisenzweisulfat oder mit der freundlich nach Geranien klingenden Pelargonsäure. Was dem Moos schadet, schadet auch so vielen anderen. Wegkratzen, ausrechen, das ist die einzig naturfreundliche Möglichkeit. Und Moos ist bescheiden, es findet schon anderswo ein Plätzchen, wo es in Frieden wachsen kann wie seit Millionen von Jahren.

Über Hornissen, Maden und noch mehr Horrorgestalten

Warum die gruseligsten Geschichten oft aufgebauschte Klischees über wundervolle, harmlose Wesen sind

Entgegen aller Fakten und Erfahrung haben viele Leute Angst vor einer bestimmten Kategorie Tiere oder Pflanzen, die weder Vorräte auffressen, existenzielle Dinge wie Wohnung oder Kleidung schädigen noch totbringende Wesen sind. Sie haben Respekt vor ihnen und nehmen das als Anlass, sie verjagen und vernichten zu wollen. Oft mit einem heiligen Zorn, als lebten wir noch zu biblischen Zeiten. Ein bisschen ist das natürlich bei allen »Schädlingen« so, dass Angst, Genervtheit, Unterbewusstes und Unsicherheit mit in das geschaffene Image hineinspielen. Aber bei den Tieren und Pflanzen, die ich nun vorstellen möchte, ist es wirklich *nur* und ausschließlich das gruslige Bild, das wir von ihnen haben – und das nicht den Tatsachen entspricht.

Ich rede nicht ausführlich vom Wolf, weil der nicht in unsere Gärten kommen wird. Aber sonst wäre er ein wunderbares Beispiel, wie aus alten und falschen, aber wirkmächtigen Bildern im kollektiven Gedächtnis und den Gegenreaktionen darauf eine völlig irrationale Debatte entsteht, die Freundschaften zerstört und einer Menge Tiere das Leben kostet, die von all dem gar nichts wissen und auch nicht gut oder böse sind.

Lange Zeit und in vielen Kulturen der Welt hat der Wolf eine besondere Bedeutung, als Vorbild an Ausdauer und Geschick bei der Jagd, als Beschützer, als Lehrer, Sozialwesen, sogar bis hin zur Gottheit und des

Wolfsbegegnung

Nun ist man als normaler Mensch, der nicht Schäfer ist oder Weideviehhaltung betreibt, wenig betroffen von den möglichen Schadwirkungen eines Wolfes. Was allerdings passieren kann, ist, beim Waldausflug einem zu begegnen, von weit weg, aus dem Auto oder dem Trecker, auch mal beim Spaziergang oder Joggen, das sind auch in Wolfsgebieten seltene Zufälle. Und wenn es passiert, kann man versuchen, sich zu freuen und den Anblick zu genießen. Und wenn man es nicht genießen kann? Dann raten die Wolfsexperten zum langsamen Rückzug. Wer an ein besonders neugieriges Exemplar geraten ist, ein Jungtier etwa oder einen Wolf, der, durch Fütterung oder andere Maßnahmen an Menschen gewöhnt, seine natürliche Scheu abgelegt hat, sollte den Wolf verjagen. Rufen, in die Hände klatschen, mit den Armen fuchteln oder Stöcke schwenken. Sich unbeliebt machen sozusagen. Respektvoll auf Abstand vertragen sich Mensch und Wolf am friedlichsten.

Menschen Bruders. Bis sich Mensch und Tier – bei uns im Mittelalter – sehr ins Gehege kamen: Die Wälder waren vielfach abgeholzt, die Wildbestände überjagt. Die Wölfe, ausgehungert und sehr engagiert, wenn es darum geht, für die ihren zu sorgen, kamen bis in die Städte und Dörfer. Werwolf- und Hexen-Aberglauben taten ihr Übriges. Und aus dem verehrten Mythos wurde das heimtückische, verschlagene, gierige, triebgesteuerte, gelbäugige Monster, das die Brüder Grimm und andere Autoren in ihren Märchen beschreiben. Ein Bild, das bis heute im kollektiven Gedächtnis weiterwirkt, so kann man die heftigen und sehr emotionalen Reaktionen auf die Rückkehr des Wolfs vielleicht erklären.

Ein Kuscheltier ist der Wolf gewiss nicht. Sondern erst mal nur ein Wildtier, ein Beutegreifer, der inzwischen hierzulande auch wieder seinen Lebensraum und seine Rolle hat. Respekt vor den Wölfen darf man natürlich haben. Sollte man sogar. Aber Angst sollte man nicht als Handlungsleitlinie nehmen. Dann finden sich automatisch das richtige Verhalten und der richtige Umgang in Konflikten, die es zweifelsohne gibt. Und ja, Wölfe fressen auch Schafe, Ziegen und Kälber, wenn diese frei in der Landschaft stehen. Dass Schaf- und Ziegenhalter über aufwendige Schutzmaßnahmen nicht erfreut sind, ist nachvollziehbar. Aber in der öffentlichen Diskussion kommen meist andere Akteure, die vermutlich nie einen frei laufenden Wolf zu sehen bekommen werden, zu Wort. Er wäre also ein hervorragendes Beispiel, um zu überlegen, wie das Vorgehen wäre: Man kann sich die Fakten anschauen, Bestandszahlen, Problemwölfe, Lebensräume und gerissene Schafe. Dann könnte man sich betrachten, wie diese Fakten bewertet werden. Die Angst, die Freude, die Sorgen, woher kommt was, welche Interessenskonflikte gibt es, wie kann man diese auflösen, ohne die Tiere und die Natur die Zeche zahlen zu lassen.

Ein für dieses Buch passenderes Beispiel ist aber vielleicht die Spinne. Warum manche Menschen Ekel vor Spinnen haben – eine echte Phobie ist sehr selten –, darüber wird viel gerätselt. Denn wirklich gefährlich sind Spinnen in unseren Breiten nicht. Vielleicht, weil sie seit Jahrhunderten

Todesspinnen

Im Prinzip sind alle Spinnen mehr oder weniger giftig. Sie benötigen ihr Gift zum Betäuben ihrer Beutetiere. Aber: Spinnen sehen Menschen eher als Gefahr an und meiden den direkten Kontakt und Beutetiere sind wir auch nicht. Wenn doch mal eine zubeißen sollte, die Dornfingerspinne zum Beispiel oder die Kreuzspinne, wenn sie arg in Bedrängnis gebracht wird, ist unsere Haut meist zu dick und fest und selbst wenn ihr Gift in unseren Körper gelangt, ist es zu wenig, um mehr als eine Schwellung und Rötung zu bewirken. Medizinisch relevanter sind dann sekundäre Entzündungen, die durch Aufkratzen entstehen können. Auch die beinahe sagenumwobenen Vogelspinnen sind für den Menschen fast ungefährlich und die heimischen Spinnen sowieso.

Im Gespräch ist der Ammendornfinger, er stammt vom Mittelmeer und die Klimaerwärmung macht es möglich, dass er sich auch bei uns zuhause fühlt. Er schafft es tatsächlich, mit seinen Kieferklauen auch die menschliche Haut zu durchdringen. Auf das Gift können – wie immer – Allergiker empfindlich reagieren. Die Bisse können anschwellen, jucken und wer empfindlich ist, könnte leichtes Fieber oder Unwohlsein haben. Aber das alles im Konjunktiv. Denn Ammendornfinger sind öffentlichkeitsscheu und ein Zusammentreffen ist schon unwahrscheinlich, gebissen zu werden, noch viel mehr.

negativ dargestellt und mit Pest, Krankheit, Tod und Teufel oder Hexen assoziiert werden? Manche sagen, weil sie so haarig sind und so huschen. Käfer finden wir dagegen oft hübsch, sie sind dick und bunt und ein bisschen behäbig und gemütlich. Wenn man sich ihre Bilanz anschaut, dann geht auf das Konto der Käfer aber deutlich mehr an Zerstörung, Krankheit und Ekel. Spinnen leben nicht in toten Organismen und im Mist.

Spinnen tun uns eigentlich nur Gutes, vor allem im Garten nehmen wir sie ja auch gar nicht wahr. Meistens fallen Sie erst auf, wenn sie ins Haus kommen. Aber auch dort fressen sie Mücken und andere Insekten und sind eigentlich unsere Freunde. Sie stören nur unsere Ästhetik: Netze, die Staub fangen, haarige Langbeiner, die – husch – in der Ecke verschwinden und über die Wände laufen, wenn wir es uns gerade gemütlich gemacht haben ... Sich dann zu erschrecken, kann man nicht einfach abstellen. Aber dem jahrtausendealten Reflex nachzugeben, draufzuhauen und zu töten, das schon.

Mögen die Horrorbilder aus uralten Zeiten stammen, sie werden auch heute noch gerne weitererzählt, Gruselfilme mit Insekten sind der Schocker. Und der Mensch hat eine gewisse Angstlust daran. Das ist ein Gefühl, das man auch vom Achterbahnfahren kennt: erst Adrenalin, wenn es spannend wird, dann Endorphine, wenn es gut ausgegangen ist. Ein tolles Gefühl. Vielleicht besonders, wenn der Alltag so sicher ist wie bei uns, mit Helm- und Gurtpflicht und seinen Annehmlichkeiten. Außerdem mögen Menschen Geschichten. Das ist auch alles kein Problem, manchen Tieren wird aber die Lust an der Angst und am Fabulieren zum Verhängnis. Weil sie dann danach beurteilt und behandelt werden, welche Rolle sie mal spielen mussten, und nicht, wie sie wirklich sind.

Ein wunderschönes, sanftes, asketisches Insekt wie die Hornisse fungiert in den Köpfen vieler als Pferdemörderin. Und wer ein Pferd töten kann, schafft es mit den Menschen ja noch leichter.

Hallo, jetzt rede ich: die Hornisse

Ich fang mal gleich mit dem an, was Euch sicherlich am meisten interessiert. Ob sieben Hornissen tatsächlich ein Pferd töten können und drei einen Menschen, diese Geschichte, die immer so gerne erzählt wird. Also, erstens können wir Hornissen nicht zählen und zweitens kommt es andersherum viel häufiger vor: dass ein Mensch drei Hornissen tötet. Oder noch viel mehr. Auf einen Streich. Aber Spaß beiseite, auch wenn es eigentlich gar keiner ist. Ja, Menschen können an Hornissenstichen sterben, aber nur dann, wenn sie auf Insektengift allergisch reagieren und einen allergischen Schock erleiden, der nicht behandelt wird. So wie Ihr Menschen auch an Erdnüssen, Kirschen und Sojamilch sterben könntet. Ansonsten nicht.

Wir Hornissen sind größer als eine Wespe oder Biene, aber unser Gift ist eher schwächer. Um tatsächlich am Gift zu sterben, müsste ein Mensch von mehreren Hundert bis Tausend Hornissen gestochen werden. Also ist die Angst wirklich unbegründet. Und ich will auch gar nicht so viel von den gruseligen Dingen reden, aber zur Klarstellung fand ich das wichtig. Eigentlich sind wir ganz freundliche Tiere und haben es lieber, wenn wir nicht stechen. Müssen.

Was uns rotsehen lässt, ist, wenn jemand an unserem Nest ist oder uns den Weg dahin verstellt. Aber mal ehrlich, stellt euch vor, Ihr kommt nach Hause und fremde Leute sind im Kinderzimmer oder in der Küche, schmeißen Möbel um oder die Fenster ein.

Apropos Euer Haus, manchmal fliegen wir im Sommer ins Haus, vor allem in der Dämmerung, denn drinnen habt Ihr es dann ja noch hell. Dann macht bitte einfach das Licht aus und das Fenster weit auf, dann finden wir den Weg nach draußen von ganz alleine.

Ansonsten gehen wir Euch eigentlich am liebsten aus dem Weg, interessieren uns nicht für Pflaumenkuchen und Schinkenschnittchen wie die kleine Verwandtschaft, die Wespen. Wir fressen lieber Selbstgejagtes: Fliegen, Mücken, Bremsen, Wespen. Wenn im Hochsommer unser Staat so richtig brummt, dann sind wir um die 500, da kommt schon was zusammen.

Das Eiweiß ist für den Nachwuchs, als Erwachsene mögen wir auch Obst und Nektar und Baumsäfte sehr gerne. Im Herbst neigt sich unser Leben zu Ende, nur einzelne Jungköniginnen überleben den Winter, in Holzhaufen oder kleinen Erdlöchern, wie bei Hummeln und anderen wilden Bienen auch. Die fliegen dann im Frühjahr los und suchen einen neuen Nistplatz für einen neuen Staat. Will eine Königin dort bauen, wo Ihr sie nicht haben wollt, dann jagt die junge Dame vorsichtig weg oder macht immer wieder den ersten Ansatz kaputt, nach ein paar Tagen hat sie es verstanden und wird sich ein neues Plätzchen suchen. Ein naturnaher Garten bietet ihr da die allermeisten Möglichkeiten.

Nun sind Hornissen nicht eklig, aber doch unheimlich, vor allem, wer Wespen hasst, wird beim Anblick einer noch größeren »Wespe« psychologisch nicht an der Schädlingshaftigkeit zweifeln. Wir könnten hier noch mehr aufzählen, die Angst vor Schlangen, die nun wirklich nicht ganz unbegründet ist, oder Skorpione, die aber uns mitteleuropäische Gärtner nicht wirklich belästigen. Deswegen übergehen wir diese hochinteressanten »Horrortiere«, genau wie Kakerlaken, bei denen der Horror auch keinen Grund hat. Sie fressen nur Reste. Vermutlich sind es ihre Größe und die scharrenden Geräusche, die Tatsache, dass sie in unserem Essen sitzen und dass sie oft in Massen auftreten, die unser Unterbewusstsein würgen und mit dem Hausschuh draufhauen oder die Spraydose Insektengift holen lassen.

Oder der Schreck, wenn einem nachts im Bad ein Silberfischen vor die Füße flitzt, eine nicht gerechtfertigte Reaktion, das kann man sich dann in der Situation auch immer sagen. Durchatmen ... und eigentlich sind es ganz wunderbare Tiere. Völlig harmlos, klein und altehrwürdig, seit fast Millionen von Jahren bevölkern sie die dunkeln, feuchten Ecken dieser Erde und haben faszinierende Verhaltensweisen beim Balzen und der Paarung: Das Männchen spinnt ein Netz aus Samenfäden und lässt sein Weibchen darunter tanzen.

Vor manchen Tieren ekeln wir uns aber so richtig. Maden zum Beispiel, eine Alltagsbezeichnung für Fliegenlarven, von denen es jede Menge verschiedene gibt.

Hallo, jetzt rede ich: die Made

Wir Maden sind keine Tierart, sondern so was wie die Kinder verschiedenster Fliegen. Das mit der Metamorphose ist bei uns Insekten schon ein bisschen anders als bei Euch das Erwachsenwerden, aber wir Maden sind wie die Kinder und die Puppen dann die Teenies. Sie hocken oder liegen meistens einfach nur rum und bewegen sich nicht. Bis sie dann auf einmal erwachsen sind. Wir Maden – und das ist wohl das, was Ihr an uns so abstoßend findet – sehen nicht so aus wie die bunten Raupen der Schmetterlinge. Wir haben keinen richtigen Kopf und auch keine Beine und dann noch die blassweiße Farbe. Wie sagte mal einer: »lebende Popel«. Vielleicht hat uns auch schon mal jemand beim Essen und Arbeiten gesehen, wir sind immer viele und zuständig für nichts, was Ihr lecker findet: Müll, tote Tiere, Fleisch, Essensreste, Kot.

Es gibt ganz viele Fliegenarten und deshalb ganz viele Madenarten, jede hat ihr Spezialgebiet. Ich zum Beispiel bin das Kind der Goldfliege, *Lucilia sericata,* die kennt Ihr vielleicht aus Euren Gärten. Ich wurde ausgewählt, hier zu sprechen, weil ich ein gutes Beispiel dafür bin, dass eine vermeintlich eklige Eigenschaft, sich von totem Gewebe zu ernähren, sehr segensreich angewendet werden kann. Für die sogenannte Madentherapie werden wir in medizinischen Speziallaboren gezüchtet, also hygienisch und keimfrei, und dann auf menschliche Wunden gesetzt. Wo wir dann entzündetes, abgestorbenes Gewebe und die Bakterien fressen. Und zwar filigraner, als ein Chirurg es herausschneiden kann, und zielgenauer, als Antibiotika es stoppen können. Es tut nicht weh, fressen ist auch das falsche Wort. Wir haben spezielle Enzymflüssigkeiten, die das Fleisch auflösen und wir schlürfen das dann weg. Zähne oder was anderes zum Beißen haben wir nämlich nicht. Also auch kein Gedanke, dass wir uns von der Wunde weiter in den Körper hineinfressen. Das ist wieder so ein Gedanke, aus dem Ihr einen schönen Horrorfilm drehen könntet. Aber wie sollen wir denn überhaupt überleben, in so einem Menschenkörper, ganz ohne Sauerstoff? Nachdenken hilft oft dabei, Frieden zu finden.

Nicht all die Ekelpakete sind so supernützlich wie die Goldfliegenmaden, aber die meisten sind auch kein wirkliches Problem. Sie nicht in Massen und mit Gift und Feuer zu vernichten, kann das Leben insgesamt retten, weil sie alle ihren Sinn und ihre Funktion in der Natur haben. Auch für uns. Die Tiere in diesem Kapitel könnte man als psychologische Nützlinge bezeichnen. Denn weil wirklich nichts passieren kann, kann man an diesen Tieren seine gärtnerische Friedfertigkeit trainieren. Zwischen blindem Krieg und passivem Aushalten gibt es noch etwas: akzeptieren, dass es kein Leben gibt ohne Beeinträchtigung und Belästigungen. Das geht auch mit all den weißen Würmern, die man bei der Gartenarbeit so im Boden findet, Engerlinge zum Beispiel.

Mimikry im Tierreich

Schwebfliegen ernähren sich von Nektar und Pollen, sie sind ebenfalls wichtige Bestäuberinsekten. Als Larven sind sie spezialisiert auf Aas, totes Pflanzenmaterial, Holz oder Kot und sie spielen eine wichtige Rolle als Zersetzer. Ohne sie würde viel Müll in der Natur liegen bleiben. Ihre Larven sind Räuber, Parasiten, Aas- und Abfallfresser. Schwebfliegen sehen oft typisch wie Wespen aus, können aber nicht stechen. Sie nutzen nur die Optik der großen Verwandten. Das Aussehen anderer Tiere vorzutäuschen und die damit erhoffte Wirkung zu erzielen, nennt sich Mimikry. Sie werden deshalb von Vögeln nicht gefressen. Manche Tiere tricksen weniger, sondern sind eher gut in der Tarnung. Heuschrecken, die wie Blätter aussehen, oder Schmetterlingspuppen, die sich an eine Pflanze heften und für die Zeit der Metamorphose aussehen, als wären sie ein vertrockneter Blütenstängel. Entstanden ist so etwas im Laufe tausender Generationen. Wer sich am besten an seinen Lebensraum anpasst, wird nicht gefressen und kann sich fortpflanzen und seine Anpassungsmodalitäten weitervererben.

Hallo, jetzt rede ich: der Engerling

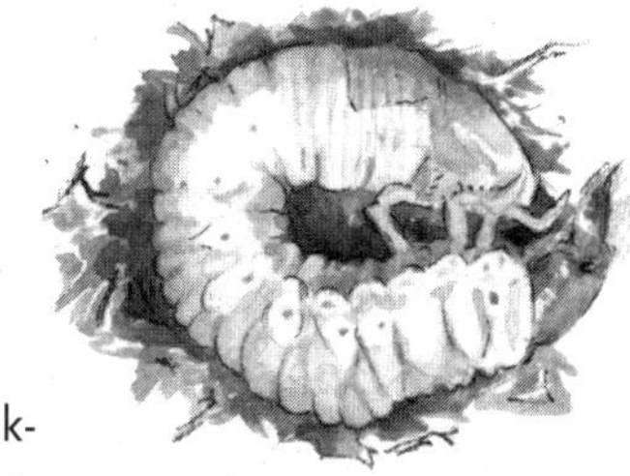

Entschuldigt mal, ein bisschen genauer sollten wir schon werden. Zu mir einfach nur »Engerling« zu sagen, das ist so, als würde man sagen: »ein Vogelküken«. Ich meine damit nicht, dass es eklig ist, obwohl ich ja frisch geschlüpfte nackte Vögelchen gar nicht mal *so* niedlich finde – und dann muss man auch noch damit rechnen, dass die Vogeleltern unsereins packen und den hässlichen, nackten Dingern in den Schlund stopfen. Sondern ich meine: Es ist total verallgemeinernd. *Den* Engerling gibt es nicht, genauso wenig wie *das* Vogelküken. Das ist ein Kind von Meisen, Raben, Geiern ...

Das Wort »Engerling« habt Ihr Euch vor Urzeiten ausgedacht und meint damit »kleiner Wurm«. Heute nennt Ihr so meistens die Larven bestimmter Käfer, der Blatthornkäfer, um genau zu sein. Sagt Euch jetzt vielleicht nicht viel, obwohl Ihr die alle kennen dürftet: Nashornkäfer zählen zu den Blatthornkäfern oder Rosenkäfer, Gartenlaubkäfer, Junikäfer und ich, der Maikäfer. In anderen Ländern gibt es noch viele andere Arten.

Viele Gärtnerinnen und Gärtner, ich sage lieber Rasenfetischisten, unterscheiden uns Engerlinge in zwei Sorten: Schädlinge und Nützlinge. Nützlinge sind in ihren Augen Rosenkäfer und Nashornkäfer, sie ernähren sich

Maikäfer und Mensch

Herr Sumsemann im Märchen von Peterchens Mondfahrt ist eine schöne Hauptrolle für den Käfer. Nur zwei Kinder, die noch niemals ein Tier quälten, dürfen das Abenteuer auf sich nehmen, dem Maikäfermann sein Beinchen wieder zu holen. Auch aus Wilhelm Buschs Max und Moritz kennt man die Maikäfer, als Jungenstreich im Bett von Lehrer Lempel. Bis in die Mitte des letzten Jahrhunderts waren Maikäfer im Frühjahr Spielobjekte, nicht nur für solche Streiche, sondern auch zum Sammeln und Tauschen: Denn man kann mehrere Sorten unterscheiden: Manche haben eine weiße Behaarung und wurden je nach Region deshalb Bäcker oder Müller genannt, die unbehaarten Schornsteinfeger sind eher dunkel, etwas Besonderes und purpurfarben sind die Kaiser. Heute sind sie alle selten geworden.

vorwiegend von abgestorbenen Pflanzen- und Holzresten, sorgen somit für die Humusbildung. Das ist Euch ja immer ganz wichtig: Sie fressen nichts, von dem Ihr glaubt, dass es Euch gehört. Blümchenwurzeln, Gemüseknollen oder Rasenbüschel. Wenn sie erwachsen sind, saugen sie ein bisschen an Blättchen und Blüten, aber sie fressen nicht mehr viel, bevor sie Eier legen und dann ihren Lebenszyklus beenden.

Ich dagegen mag es knackig und frisch, deshalb nennt ihr mich auch Schädling. Wenn ich in ein paar Jahren vom Engerling zum Käfer werde, meinem Namen entsprechend im Mai, geht es ran ans Laub. In manchen Jahren sind wir viele, auch heute noch, und dann kann das mit dem Blattfraß schon mal ein bisschen heftig werden. Davon stirbt aber kein Baum, allerdings denkt Ihr das und dann geht es gleich los, mit Hass, Gift und Verderben.

Wer von uns die erste Zeit überlebt, paart sich. Unsere Weibchen legen die Eier in feuchte, weiche Erde, daraus schlüpfen dann die neuen Engerlinge. Und auch wir Engerlinge mögen knackig frisches Futter, wir fressen die Wurzeln von Blumen, Kräutern und Gräsern. Davon gibt es einfach die meisten in Euren Gärten. Wer uns trifft, will uns töten, damit genau das nicht passiert. Die Frage ist nur, ob Ihr wirklich uns erwischt. Oder den Rosenkäfer und den Nashornkäfer? Wir sehen uns alle ziemlich ähnlich, weiß, mit braunem Kopf, leicht krumm und mit drei Paar Beinen. Die Kinder der Gartenlaubkäfer sind die kleinsten, Nashornkäfer und wir sind die größten. Manche können uns auch daran unterscheiden, wie wir kriechen, aber viele von Euch wissen noch nicht mal, dass man einen Unterschied machen kann. Und wer vorbeugend seinen Rasen gegen Engerlinge behandelt – also Gift versprüht –, der unterscheidet noch viel weniger. Dann sind alle Engerlinge tot und auch die Regenwürmer und ganz viel andere Bodenlebewesen.

Dass ein englischer Rasen stellenweise abstirbt, wenn viele Engerlinge an seinen Wurzeln gefressen haben, ist eigentlich eher ein Argument, keinen grünen Teppich anzulegen, sondern einen Blumenrasen oder eine Wiese. Da fallen in der Fülle kahle Stellen wenig auf und es gibt auch weniger Verluste, weil wir dort viel mehr Auswahl haben und immer nur mal hier und mal da was naschen.

Engerlinge in Kategorien wie »nützlich« und »schädlich« einzuteilen, ist eine menschliche Denkart. Die Natur kennt nur Engerlinge und jeder hat seine Rolle, seinen Job. Auch und besonders im Boden. Der Boden ist ein Lebensraum für sich und wenn man sich genauer damit beschäftigt, fast so etwas wie ein lebendiges Wesen, das wir aber meist nur als Trägerfläche für Gemüse und Gartenliegen sehen. Und mit den Füßen treten. Tatsächlich, aber auch im übertragenen Sinne. Ihn – oder es – auf Händen zu tragen, wäre angemessener. Ist er doch so etwas wie die Verteilstation im gesamten Kreislauf des Lebens: Was die oberirdischen Pflanzen bei ihrer Fotosynthese an Energie produzieren, verteilen sie via Pollen, Samen und Biomasse an Tiere und Pilze. Wenn sie alle sterben und zu Boden sinken, werden sie dort weiterverarbeitet, gefressen, ausgeschieden, aufgelöst, zersetzt – und stehen dann wieder als Nährstoffe zur Verfügung. Das Gleiche gilt für Exkremente. Zuständig dafür sind haufenweise Lebewesen; in einer Handvoll Boden leben mehr als Menschen auf der Erde. Fadenwürmer, Springschwänze, Milben, Käfer, Larven und Borstenwürmer, Bakterien, Pilze, Milben, Rädertierchen, Algen und andere Einzeller. Regenwürmer fressen die Erde und die Abfälle und wandeln sie in sogenannte Ton-Humus-Komplexe um, ohne die der Boden kein Boden wäre, sondern wirklich nur eine Abstellfläche für Gartenstühle und Pflanzen. Wer Gift hineinschüttet, »nur« wegen der Engerlinge, kann gar nicht absehen, was er im Gesamten damit anrichtet.

Japankäfer

Japankäfer sind eine Blatthornkäferart, die unseren Junikäfern ähnelt, aber mit ihrem schillernden Grün um die braunen Flügel noch hübscher ist. Ihre Larven fressen Pflanzenwurzeln, die erwachsenen Tiere Blätter von allerlei Baumarten und Gemüse. Sie stammen ursprünglich aus Japan, wie der Namen sagt, sind aber auch in Nordamerika heimisch und nun auch nach Mitteleuropa gekommen. Sie fühlen sich dort so wohl, dass vor allem die Besitzer von makellos grünem, von allem Wildwuchs befreitem, englischem Rasen verzweifeln. Auch hier wäre eine wilde Wiese die viel bessere Wahl: Natürliche Antagonisten träten auf den Plan und in einer bunt blühenden Menge an Kräutern, Blumen und Gräsern würden einzelne leere Flecken wegen abgefressener Wurzeln kaum auffallen.

Guter Filmstar, gutes Image

Geschichten, Filme und Medien zementieren einerseits ein Gruselimage bestimmter Tiere. Andererseits gibt es das Gleiche auch andersherum: Geschichten verwandeln das Image ins Gute. Ganz deutlich ist das bei den Drachen. Das sprichwörtliche Monster ist mittlerweile ein positiv besetztes Wesen, das sich spätestens seit dem Blockbuster »Drachen zähmen« Kinder als Haustier wünschen würden – wenn es denn welche gäbe. Aber auch beim Wolf ist es ähnlich: Kinder wachsen heute nur noch selten mit dem bösen Wolf aus Rotkäppchen auf, sondern mit ganz anderen Geschichten, von Mogli etwa, dem kleinen Dschungel-Findelkind, das von der Wölfin Raksha gerettet und großgezogen wird. Im Film »Ratatouille« ist die liebenswerte Hauptfigur Rémy eine Ratte, und Fledermäuse, früher Ungeziefer, sind heute Sympathieträger und Symbolfiguren für aktiven und gelungenen Naturschutz. Ebenso spielen in vielen Kinderbüchern, im Comic und auch in animierten Kinoproduktionen Insekten und andere Krabbeltiere eine sympathische Rolle: von Biene Maja über die kleine Hummel Bommel bis hin zu »Das große Krabbeln«. Und im Klassiker »Charlotte und Wilbur« geht es um das Ferkelchen Wilbur, dessen beste Freundin die sanfte, kluge Charlotte ist: die Spinne, die in der Ecke seines Stalles ihr Netz gespannt hat.

Über Ratten, Tauben, Zecken und andere wirklich Böse

Warum wir mit kühlem Kopf und klaren Fakten besser mit ihnen klarkommen als mit Hass, Angst und Gewalt

Einige Arten fehlen noch in diesem Buch, genau. Die wirklich Bösen, bei denen »der Spaß aufhört« oder »das Verständnis völlig fehlt«, wo man »mit Tierliebe und Naturverbundenheit nicht weiterkommt«, weil »man eben wirklich aufpassen muss« und »mit denen es wirklich was anderes« ist. Alle diese Formulierungen habe ich gehört, als ich von diesem Buchprojekt erzählt habe und erwähnte, dass zum Beispiel auch Ratten ihren Platz darin haben werden. Weil sie wie wir ein Teil der Natur, eine Schöpfung der Evolution sind und auch ein Recht haben, hier zu sein.

Aber selbst wer das prinzipiell bejaht, dem stellen sich vielleicht doch die Nackenhaare auf, allein beim Lesen über Wespen und Ratten. Und deswegen fangen wir am besten einfach sofort an und wer es gar nicht aushalten mag, überspringt die nächsten Seiten und macht ohne Ratten weiter – verpasst dann allerdings ein hochinteressantes, intelligentes Tier.

Ratten als Minenspürer

In Asien und Afrika spüren die intelligenten Tiere Minen auf, die dort in ehemaligen Kriegs- und Krisengebieten noch zuhauf liegen. Erstens lassen sich die Tiere gut trainieren, die dafür eingesetzte Afrikanische Hamsterratte ist dafür besonders geeignet. Und außerdem sind sie leicht genug, dass sie den Zünder nicht auslösen und deshalb bei ihrer Arbeit selten zu Schaden oder zu Tode kommen.

Hallo, jetzt rede ich: die Ratte

Ich merke schon, ob Naturfreund oder nicht, bei Ratten seid Ihr Euch einig: Da hört doch wirklich alles auf! Und dabei hat wirklich keiner Ahnung. Also ich schon. Denn, und das gebt Ihr ja wenigstens zu, wir sind sehr intelligente Tiere.

Die Hausratten, vor denen es Euch seit Jahrhunderten so gruselt, die sind circa im Mittelalter nach Europa gekommen, sie lieben es warm und trocken und fanden Eure Dachböden und Getreidespeicher ideal. Das sind die mit der Pest – obwohl das ja die Flöhe waren. Hausratten gibt es kaum noch hier. Kaum einer von euch lagert noch zentnerweise Lebensmittel ein, Dachstöcke werden zu Wohnungen ausgebaut. Meine Verwandten sind in Deutschland fast verschwunden, stehen in vielen Gegenden auf der Roten Liste der gefährdeten Arten. Die Ratten, die heutzutage überall herumlaufen, so wie ich, sind Wanderratten. Den Namen haben Eure Forscher und Namenserfinder uns gegeben, weil wir eben viel wandern: dorthin, wo es Essen gibt, Partner, Unterkunft. Und wir sind gut im Wandern, sportlich, mutig, umsichtig, fit. Wir können sprinten, klettern, springen, schwimmen, tauchen und quetschen uns durch die kleinsten Löcher. Meist leben wir in kleinen Rudeln, in Großfamilien, wenn man so will. Da sind wir alle gut versorgt, einer hilft dem anderen, kann kuscheln und sich wärmen und ist nie allein und man erzieht den Nachwuchs gemeinsam. Der Nachwuchs, genau. Alle paar Wochen bekommt eine Rättin Kinder und die dann wieder neue Kinder und dann ist die eine Ratte zur Plage geworden. Rein rechnerisch kann ein Rattenweibchen in einem Jahr weit über tausend Nachkommen haben, wenn man Enkel und Urenkel mitzählt. Das denkt Ihr doch? Aber – falsch. Erstens ist das mit dem Zählen Eurerseits schwierig, in der Regel versuchen wir, Euch aus dem Weg zu gehen. Wenn das nicht klappt, laufen wir schnell weg und verstecken uns. Und ob Ihr uns überhaupt auseinanderhalten könnt? Zweitens: Nur weil es theoretisch möglich ist, muss es ja praktisch noch lange nicht gehen. All die kleinen Ratten bräuchten ja Platz und Essen.

Ohne unbescheiden zu sein: Wir sind hübscher als die Hausratten, etwas knuffiger, der Schwanz ist kürzer – und wir Wanderratten finden es bei Euch so richtig gut. Wir leben nämlich gerne in weitverzweigten Gängen unter der Erde. Das geht immer und überall, und praktischerweise habt Ihr ja selber so ein Gangsystem, die Kanalisation. Da gibt's Wasser und lecker Essen.

Auch ich esse sehr gerne frisches Obst, Gemüse, Nüsse und Getreide, aber ich bin nicht so auf vegetarische und kohlenhydratreiche Nahrung festgelegt. Ich mag auch gerne Fleisch, Eiweiß. Insekten, Kleintiere, Essensreste und Futtervorräte, Müll, Aas. So sind wir ein sehr flexibler Teil des Nahrungsnetzes. Also auch Stücke von noch lebenden Schweinen und brütenden Enten und uns gegenseitig selbst? Davon habt Ihr bestimmt schon alle mal was gehört und manche haben genau deswegen solche Angst vor uns. Ob was an diesen Horrorgeschichten stimmt, ich weiß es ehrlich gesagt nicht, ich glaube nicht. Aber was in schlechten Zeiten möglich ist ... Möchtet Ihr generell nach dem beurteilt werden, was Menschen tun, wenn sie nicht mehr weiterwissen? Tatsächlich fressen wir als Allesfresser auch Aas, aber umgebracht haben wir diejenigen, woran wir fressen, nicht.

Eure Angst und, ja, den Hass und die Verachtung, erklärt Ihr immer mit den Krankheiten, die wir übertragen können. Keimträger heißt das dann. Wenn ich ehrlich bin, kenne ich deutlich mehr Ratten, die durch Menschen gestorben sind als umgekehrt. Aber klar, Krankheitserreger und Parasiten hat jeder in sich, Ihr, wir, alle ... Die werden aber nicht durch pure Anwesenheit übertragen oder den bösen Blick, sondern zum Beispiel durch einen Biss. Wir beißen in der Regel aber keine Menschen. Übrigens sind auch Hundebisse, Katzenbisse und Menschenbisse sehr gefährlich und infektiös.

Krankheiten könnten auch durch unsere Hinterlassenschaften übertragen werden, aber mit so was spielt man nicht, das hat Euch hoffentlich jemand beigebracht? Liegt mal was im Schuppen, könnt Ihr es ja entfernen, aber vorher anfeuchten, damit kein Staub aufgewirbelt und eingeatmet wird, samt Erreger. Im Garten habt Ihr hoffentlich ein reiches Leben an Kleinvieh und Zersetzern, die kennen sich mit Köddeln aller Art bestens aus.

Wenn Ihr uns nicht in Eurer Nähe haben wollt, ist das eine Entscheidung, die wir akzeptieren. Schön wäre es, diese Entscheidung zivilisiert umzusetzen und nicht mit Gift. Gift tötet nicht nur uns Ratten, sondern auch andere Tiere, Vögel, Hunde und alles, was Euch sonst so am Herzen liegt. Hausmittelchen könnt Ihr getrost vergessen, stinkende Pflanzen oder Flüssigkeiten schocken uns wenig. Ein Hund oder eine Katze schon eher, aber das müsst Ihr dann mit den Igeln und Vögeln abmachen. Früher gab es viele Marder, aber die verjagt Ihr ja auch, wo und wie es geht.

Wir sind sehr soziale Tiere, das gesteht Ihr uns sogar zu. Wir helfen uns gegenseitig, auch Euch übrigens. Dass wir in der Kanalisation wohnen, ist für Euch keine schöne Vorstellung, aber ein Leistung, für die Ihr uns auch mal dankbar sein könntet. Euer Wassersparen bringt immer weniger Durchfluss in den großen Rohren und wir kümmern uns freundlicherweise um die Feststoffe, die sonst liegenbleiben würden. Was Ihr da alles ins Klo werft, schon seltsam. Manchmal kommen ganze Mahlzeiten, Eintöpfe, Schnitzel, Kartoffelauflauf. Dann freuen wir uns über die Abwechslung im Speiseplan und nehmen es als kleinen Dank für unsere schwere Arbeit.

Beim Thema Ratten wird besonders deutlich, welche Interessenskonflikte es zwischen Mensch und Natur gibt. Erst der Mensch hat dafür gesorgt, dass Wanderratten bei uns heimisch wurden und sich dank großem Nahrungsangebot so reich vermehren. Das kann wiederum eine Gefahr für die Artenvielfalt sein, denn ihre natürlichen Feinde werden immer weniger. Deswegen: gut vorbeugen. Das heißt, keine Essensreste ins Klo oder in den Abfluss schütten und auch keine Essensreste, vor allem Fleisch und Knochen, auf den Komposthaufen geben. Haustierfutter sollte fest verschlossen aufbewahrt werden, Obst und Gemüse, Sämereien und Vorräte ebenfalls. Mülltonnen möglichst fest verschließen, das geht ganz praktisch mit einem Expander und hindert dann auch eine Menge andere Tiere, an den Abfall zu gehen. Sind Schuppen und Garagen übersichtlich aufgeräumt, finden sie keine lauschigen, vollgestopften Ecken zum Nisten. Insgesamt dürften dann weder die Gärtnernden noch die heimische Natur Probleme mit Ratten bekommen. Wer trotzdem welche hat, sollte nicht auf eigene Faust handeln, sondern sich an seine Gemeinde und an professionelle Fachfirmen wenden.

Obwohl das meiste nicht oder nicht in dem landläufig behaupteten Ausmaß stimmt, stehen Ratten auf der Liste der widerlichen Ekligen ganz oben. Das Wort »Ratte« wird sogar als Metapher verwendet, um bei anderen Tieren zu verdeutlichen, dass sie fast genauso eklig sind. »Ratten der Lüfte« gibt es in jeder Stadt in großen Schwärmen.

Schädlings-Katzen

Ob die eigenen oder die Streuner vom Nachbarn, auch Katzen sind Bewohner und Besucher unserer Gärten. Sehr zum Leidwesen vieler Natur- und Tierfreunde. Die Reihen frisch gesäter Radieschen sind zerscharrt, das Kirschbäumchen steht mit abgefetzter Rinde da, im Sandkasten liegt Kot. Und dann die vielen Jungvögel, Eidechsen und anderen Tierchen, die sie – neben Mäusen und Ratten – aus reiner Jagdfreude auf dem Gewissen haben. In der Tat können und haben Katzen – auf den Schiffen der Entdecker und Handelsfahrer wegen der Ratten und Mäuse mitgenommen – an den Zielorten und Inseln oft die dort heimische Tierwelt, auf diese Räuber völlig unvorbereitet, ausgelöscht. Hier in unseren Städten sind sie durchaus Jäger und Todesursache, viel größeren Einfluss auf das Artensterben haben aber die schlechten Lebensbedingungen für Vögel, Kleinsäuger und Amphibien.

Vergrämung mit Duftpflanzen oder anderen in Katzennasen stinkenden Substanzen, Verjagen mit Wasser oder steingefüllten Blechdosen helfen oft nicht viel; und von Ultraschallgeräten – die unangenehme Geräusche machen – oder kleinen Elektrozäunen ist absolut abzuraten, nicht nur, weil Katzen meist so schlau sind, auch damit fertigzuwerden, sondern auch aus ökologischen Gründen: Die Geräte brauchen Strom und schaden Vögeln, Insekten und Fledermäusen.

Zur Vogel-Brutzeit binden viele Besitzer ihren Katzen ein Glöckchen um, das ist für die Tiere pure Folter, das ständige Gebimmel in den gut hörenden Ohren. Effektiver sind andere Schutzmaßnahmen: Nistkästen sollten mindestens zwei Meter hoch hängen, auf Stangen, an Wände oder frei schwebend an großen Ästen. Baumstämme werden mit speziellen Manschetten gegen Überklettern gesichert – oder schnell und preiswert mit Brombeerranken oder anderem stacheligen Baumschnitt. So sind die Vögel auch gegen andere Räuber geschützt.

Hallo, jetzt rede ich: die Stadttaube

Das waren noch Zeiten, als unsere Ahnen mal so was wie das fliegende Internet waren, Brieftauben waren schneller als die Postboten und vor allem konnten sie auch Mauern, Blockaden und feindliche Linien überfliegen. Tauben waren mal kriegswichtig und die Schweizer Armee hatte bis vor einigen Jahren noch eine eigene Einheit in ihren Diensten. Der Moderne hatten wir aber nicht viel entgegenzusetzen, da haben wir wohl die Entwicklungen des tierischen Marktes ignoriert. Und neue Jobs zu finden ... na ja. Sozialarbeiter für einsame Menschen, die uns gerne beobachten und füttern, hat auch keine Zukunft. Taubenfüttern ist ja in vielen Städten verboten.

Unsere Urahnen waren wilde Felsentauben. Die leben in großen Brutkolonien und gehen in großen Schwärmen auf Futtersuche, auch in der Nähe der Menschen. Aus den Felsentauben wurden mehr und mehr Haustauben, die Menschen wollten unsere Eier und unser Fleisch. Dass wir so ortstreu sind und immer wieder in unser Nest, zu unserem Schlafbaum oder eben in den Stall oder Taubenschlag kommen, ist dafür sehr praktisch. Die Haustauben verwilderten auch immer mal wieder und so wurden aus den wilden Felsentauben und den entflogenen Haustauben die Stadttauben. Auch jetzt leben wir in großen Schwärmen und wir sind nicht zimperlich. Mir ist es egal, ob ich aus Zweigen, Drahtstücken oder Plastik mein Nest baue, früher gab es halt nur Holz, aber meine Güte, ob ich Moos nehme oder Stofffetzen, das ist mir echt egal. Ich baue jedes Mal wieder neu, sonst sitzen da schon die Flöhe, Milben und andere Parasiten drin vom letzten Mal. Das ist echt lästig.

Ja, ich weiß, was jetzt kommt, Tauben, das sind fliegende Keimschleudern und Krankheitsüberträger. Also, uns geht es manchmal wirklich nicht so gut, aber die meisten Keime, Erreger und Mikroben bleiben bei uns und wenn sie tatsächlich mal auf Euch landen, machen sie Euch trotzdem nicht krank, weil sie eben nur bei Tauben wirken. Umgekehrt ist das auch so. Es gibt Menschenkrankheiten und Vogelkrankheiten und nur ganz selten können die Erreger beide krank machen, das sind dann aber in den seltensten Fällen Taubenspezialkrankheiten, sondern solche, die auch alle anderen Vögel übertragen können: Hühner, Gänse, Enten, Papageien. Oder Salmonellen. Also vor uns muss man sich weder ekeln noch Angst haben. Oder halt nicht mehr als vor anderen Vögeln oder Tieren und deren Hinterlassenschaften. Also bitte keine Panik, wenn das nächste Mal eine Stadttaube Euren Weg kreuzt.

Wir mögen Euch, wir tun nichts, weder hacken wir wie Gänse oder Schwäne noch klauen wir Essen wie die Möwen. Überlegt mal, dass Picasso eine Taube als Friedenssymbol gemalt hat oder es eine Taube war, die Noah den grünen Zweig gebracht hat. Tauben stehen für Frieden. Eigentlich müssten wir auf dem Titelbild dieses Buches sein.

Tauben sind also eigentlich tolle Tiere. Nicht so toll ist die Menge Kot, die ein einzelnes Tier produziert, rund zehn Kilogramm pro Jahr. Denn anders als ihr natürlicher Lebensraum, sind ihre Ersatzfelsen – Häuser, Statuen, Denkmäler und andere Bauwerke – nicht so unverwüstlich, der Kot der Vögel zerstört die Substanz. Es kostet viel Geld, sie zu restaurieren. Und noch weniger toll sind die Lebensbedingungen der vielen, zu vielen Tiere in den Städten. So hat es durchaus Vorteile für Tauben und Menschen, darauf zu achten, dass die Bestände nicht größer, sondern kleiner werden. Ein Fütterungsverbot wäre aber der falsche Weg. Denn Tauben versuchen, um jeden Preis ein Nest zu bauen, Eier zu legen und Küken auszubrüten. Das klappt auch oft, aber wenn sie dann zu wenig Futter finden, sind die Küken die Ersten, die verhungern. Diese Dauerfruchtbarkeit wurde ihnen zum Teil angezüchtet, um die Eier als Lebensmittel zu verwenden, und es spult sich auch heute noch ab wie ein genetisches Programm. Die Taubeneltern brüten sofort neu ... und es geht immer so weiter.

Sinnvoll und tierfreundlich sind feste betreute Taubenschläge, an denen die Tiere gefüttert werden und an die sie sich als domestizierte Art auch schnell gewöhnen. Wer dort brütet, dem wird heimlich das Gelege durch Gipseier ersetzt. Die Tauben sind zufrieden, ein Nest zu haben, Küken entstehen aber nicht. Es gibt so insgesamt weniger Tauben, weniger Taubenelend und vielleicht sogar das Gefühl, dass es schön ist, ein paar dieser sanften, zutraulichen Vögel um sich zu haben.

Vorsicht ist also gut, Angst und Panik und Aktionismus nicht. Bei Tauben nicht, nicht bei Ratten und auch nicht bei den kleinen Tieren, die tatsächlich nachgewiesener Maßen und recht oft Krankheiten übertragen. In unseren Breiten sind das die Zecken. Sie sind Träger von Borreliose und einer speziellen Art der Hirnhautentzündung.

Die tropische Riesenzecke

Zeckenarten gibt es nur einige wenige in Deutschland, jetzt ist eine neue dazugekommen, *Hyalomma marginatum*, tropischer Herkunft, vermutlich via Vögel hierhergekommen und dank der höheren Durchschnittstemperaturen gewillt und fähig, zu bleiben. Einer der untersuchten Ankömmlinge trug tropische Krankheitserreger in sich, die hier aber aktuell weder ausreichend Gesellschaft haben noch die Bedingungen, um zu einer Epidemie zu werden. Im Bereich des Möglichen ist es zwar, aber noch sind die heimischen Zeckenarten mit ihren Krankheitserregern deutlich häufiger und die Gefahr, sich mit Borreliose oder FSME zu infizieren, ist größer, als solch eine exotische Krankheit vom gestreiftbeinigen, haarigen Riesenholzbock einzufangen.

Hallo, jetzt rede ich: die Zecke

Ok, ich gebe es ja zu. Das läuft nicht optimal zwischen Euch und mir. Aber Leute, das ist echt ohne Absicht, das mit der Borreliose und so. Ich sauge nur Blut, und da sind halt die Borrelien drin, also die Erreger, in dem Blut des Vogels oder der Maus. Und wenn ich dann beim nächsten Tier das nächste Mal wieder sauge, bei Euch zum Beispiel, dann lösen sich die Borrelien und wandern einen Wirt weiter. Das aufgesaugte Blut dicke ich an. Weil so viel Flüssigkeit selbst ich nicht brauchen kann, pumpe ich einen Teil wieder zurück in den Wirt und damit auch die Krankheitserreger. Und der wird dann krank. Das tut mir echt leid, aber die benutzen mich nur. Ich will ja eigentlich nur ein bisschen Blut ... Nicht nur ein paar Tröpfchen wie die Mücken, sondern das, was ich ein paar Tage lang so aufsaugen kann. Und auch nicht nur zum Eierlegen. Sondern jedes Mal, wenn ein Entwicklungsschub ansteht, als Larve, als Nymphe, als fertige Zecke. Aber dafür brauche ich mehrere Jahre und diese drei Blutmahlzeiten reichen mir dann auch.

Borreliose gibt es wohl schon seit Tausenden Jahren, der Gletschermann Ötzi soll auch damit infiziert gewesen sein; und dann übertrage ich ja auch noch FSME. Wenn wir jetzt mal die Krankheiten weglassen, so viel Blut, dass er geschwächt stirbt, zapfe ich niemandem ab. Ich bin zwar kugelrund und voll, wenn ich es geschafft haben sollte, mich vollzusaugen, aber das sind trotzdem nur ein paar Tropfen. Aber dann lasse ich irgendwann los und liege wie eine kleine Blutkugel auf dem Boden, um dort meine Eier abzulegen. Eiweiß pur für Vögel, Kraftnahrung für deren Nachwuchs. Auch Hühner, Igel und Spitzmäuse und sogar manche Wespen fressen gerne eine Kugelzecke, aber besonders bei Fadenwürmern stehen wir auf dem Speiseplan. Kein so schönes Ende für uns, aber im Dienste des Nahrungsnetzes muss man Opfer bringen.

Wusstet Ihr eigentlich, dass ich kein Insekt, sondern ein Spinnentier bin? Wahrscheinlich nicht, Ihr schaut mich ja gar nicht richtig an, sondern bringt mich gleich um die Ecke. Wenn Ihr uns aber mal unter der Lupe betrachtet, könnt Ihr unsere acht Beine erkennen.

Das Blutsaugen ist nicht das Problem, das wir Menschen mit den Zecken haben, sondern die Krankheiten, die sie dabei übertragen können. Gegen die FSME-Hirnhautentzündung kann man sich impfen lassen. Gegen Borreliose hilft zurzeit nur Umsicht und Vorbeugung. Manche schwören auf Knoblauch und Schwarzkümmelöl, was nicht bewiesen ist, aber sicherlich auch nicht schadet. Ganz wichtig ist aber der Schutz von außen mit langer Kleidung, engen Ärmeln und Socken über den Hosen. Denn Zecken sitzen im Gebüsch und wenn ein Warmblüter vorbeikommt, dann steigen sie auf und machen sich auf die Suche nach einer feuchten warmen Hautstelle. Je mehr Kleidung, desto schwieriger ist das und wenn man sich nach der Gartenarbeit oder dem Waldspaziergang umzieht und duscht, schaffen sie es selten, sich schon irgendwo festgesetzt zu haben. Wenn doch, dann sollte man sie sofort mit einer Zeckenkarte oder Pinzette schnell wieder an die frische Luft befördern.

Je länger man wartet, desto fester hat sich die Zecke schon eingehakt in das kleine Loch, das sie uns in die Haut gebohrt hat. Weh tut es nicht, sie haben Betäubungsmittel in der Spucke. Aber eben auch Keime. Deswegen am besten die Stelle auch noch desinfizieren, dann stehen die Chancen gut, einen großen Teil eventueller Bakterien erwischt zu haben. Und dann beobachten. Die Zecke am besten aufbewahren, wenn Entzündungen oder Krankheitssymptome auftauchen, nimmt man das Tierchen mit zum Arzt, der es dann zur Untersuchung ins Labor schicken kann und schneller und genauer eine mögliche Diagnose stellen kann.

Man sagt ja, Parasiten und Krankheiten bringen die Evolution voran (siehe dazu auch Seite 96). Weil sie das Immunsystem dazu bringen, immer wieder ein neues Level zu erreichen: Parasit parasitiert, das Immunsystem wandelt sich so, dass es damit klarkommt, daraufhin findet der Parasit wieder einen Weg, das fittere Immunsystem zu überwinden, und so weiter. Und Krankheiten und Parasiten sind außerdem auch so etwas wie Raubtiere, sie halten die Population ihrer Wirtsarten im Rahmen, weil sie zum Beispiel einen Teil des Nachwuchses so schwächen und leer saugen, dass eben nur ein paar durchkommen: die Gesündesten idealerweise.

Schmarotzer sind also nicht einfach nur Schmarotzer, sondern haben ihre Rolle im Ökosystem. Auch wenn wir Menschen meist verhindern, dass sich an uns die Zecken dick saugen, an Katzen, Hunden, Schafen, Ziegen, Kühen, Kaninchen oder Rehen tun sie es. Würde man die Zecken vernichten – und Würmer, Milben, Mücken und andere Parasiten –, würde Nahrhaftes und Regulierendes fehlen im Kreislauf des Lebens. Mücken sind weltweit gesehen und rein statistisch wegen der Malaria übrigens viel gefährlicher als Zecken und viel gefährlicher als Wespen.

Beim Anblick der Wespen geraten viele Menschen sofort in Panik, vermutlich weil auch bei uns die Farbe Gelb Schmerzen und Gefahr signalisiert. Genau das soll ja ihr geringelter Warnwestenlook auch bewirken. Allerdings heißt es nicht, dass Wespen sofort alles und jeden angreifen, sondern bitte schön in Ruhe gelassen werden möchten. Und nur zwei der vielen Wespenarten werden schnell nervös und können vorbeugend aggressiv werden.

Hallo, jetzt rede ich: die Wespe

Echt, ich kann es nicht mehr hören! Auch von den Naturfreunden und Insektenkennern nicht, die zur Ehrenrettung der Wespe immer anführen, die meisten Wespen seien ganz liebe Tierchen, die kleinen Lehmwespen, Grabwespen, Wegwespen, Schmalbauchwespen oder Blattwespen, die zum Teil auch gar nicht typisch nach Wespe aussehen. Und andere typisch aussehende Arten wie die Sächsische Langkopfwespe seien völlig friedlich und harmlos. Nur die Exemplare der Deutschen Wespe und der Gemeinen Wespe seien »böse« – bekrabbeln den Kuchen, sirren in der Zuckerschütte – und verdürben all den anderen das niedlich nützliche Insektenimage. Also ich. Ha!

Und wer rettet meine Ehre? Auch ich. Ich bin nämlich die Einzige, die mal auf den Tisch haut. Das kann doch nicht sein, Ihr sitzt bei Pflaumenkuchen und Grillsteak und bei mir verhungern die Brut und die Kollegen, sogar unsere weitere Verwandtschaft der Wespen, die Hornissen, Hummeln, Bienen und ganz viele andere Insekten. Dabei sind wir ja noch zurückhaltend. Wären wir das nicht, würden wir Angriffe fliegen. Auch wenn ein paar Stiche einen Menschen nicht töten, ein ganzer Schwarm könnte das schon. Aber wir sind ja nicht wie Ihr, die Ihr mit dem Flammenwerfer unsere Nester vernichtet und uns mit elektrischen Fliegenklatschen und Zuckerwasserfallen massenweise umbringt. Obwohl wir Euch gar nichts getan haben. Außer Euer Essen anzuschauen und ab und zu ein paar Bissen für die hungrige Brut nach Hause zu fliegen. Und dann mit ein paar Kollegen wieder zu kommen, um noch mehr zu holen.

Wenn es Euch stresst, uns im Garten oder am Haus zu haben, dann macht Euch doch bitte die Mühe, im Frühjahr darauf zu achten, wo unsere neue Königin nach der Winterruhe ihr Nest bauen will. Und verjagt sie ein paar Mal, bevor sie angefangen hat, zu bauen. Dann merkt sie schon, dass sie unerwünscht ist, und sucht sich einen anderen Platz, um Eier zu legen und ihre ersten Arbeiterinnen aufzuziehen, die sich dann um die nächste Brut kümmern. Andere sind fürs Bauen zuständig, weitere fürs Jagen. Seht Ihr ein Nest erst, wenn es schon angefangen oder fertig ist, dann ist es ein Fall für Fachleute, Imker, die Feuerwehr. Erstens ist es verboten, uns einfach das Haus über dem Kopf abzureißen. Und zweitens ist es gefährlich für Euch. Wenn jemand an unser Nest geht, werden wir richtig sauer.

Aber auch wenn in Eurem Garten kein Staat lebt, zum Fressen kommen dann halt die vom Nachbarn. Deswegen wäre es schön, wenn wir bei Euch im Garten genug zu futtern finden würden. Mücken, Fliegen, Blattläuse. Das Eiweiß ist für die Brut, wir selber mögen lieber süße Säfte und Beeren, auch davon hätten wir gerne besonders im Hochsommer ein bisschen was im Angebot. Wenn wir Euren Kaffeetisch umkreisen, dann, um mögliche Objekte ihrer Begierde genau in den Blick zu nehmen. Aber Ihr denkt: »Angriff«. Zappelt, wedelt und versucht uns wegzuscheuchen. Und dann denken wir auch »Angriff« – und holen Verstärkung. Wenn Ihr uns anpustet, werden wir noch hektischer. CO_2 in der Atemluft ist für uns ein Alarmsignal: potenzieller Feind in der Nähe. Manche Cremes oder Parfums können für uns auch so riechen, als wären sie eine Gefahr.

Was helfen kann, ist: alles abdecken, nicht aus Dosen oder Flaschen trinken oder nur mit Strohhalm – und vorher schauen, ob jemand drauf oder drin sitzt. Verkleckertes sofort wegwischen, Kinderschnuten abwischen.

Ich bin auch schon mal für die Dauer Eurer Mahlzeit in Arrest gesetzt worden, in ein leeres Marmeladenglas. War nicht so toll, ist mir aber lieber, als von Euch totgeschlagen zu werden. Was noch helfen kann, ist: Futter. Stellt uns doch einfach überreifes, saftiges Obst ein paar Meter weg von der Kaffeetafel. Und generell so viel zu fressen in Eure Gärten, dass es für alle reicht. Schön natürlich und schön unordentlich. Da finden wir dann genug Mücken und Blumensäfte. Und vielen anderen Tieren hilft das auch. Von deren Sterben merkt Ihr gar nichts, weil die sittsam und bescheiden verhungert ins Gras fallen, statt Euch auf die Nerven zu gehen.

Und, liebe Leute, die Ihr Buchsbäume mögt: Der Buchsbaumzünsler, der sich jahrelang im Schlaraffenland wähnte, weil kein Vogel die kleinen, dicken Raupen kannte und nicht auf die Idee kam, sie könnten gutes Futter sein, mag uns auch nicht besonders. Denn wir haben einfach mal angefangen, die Raupen zu fressen, ratzeputz von vorne bis hinten. Klar, einen über und über mit Zünsler besiedelten Buchs kann ich kleine Wespe alleine auch nicht leer räumen und vorm Kahlschlag schützen. Aber die Vögel machen ja auch mittlerweile mit. Dass Euer geliebtes »traditionsreiches« Grünzeug hierzulande aussterben wird, wie jahrelang düster prophezeit wurde, das glaube ich mal nicht. Wäre schade, denn dann gäbe es keine Zünslerraupen mehr und die sind eigentlich ganz lecker.

Gespinstmotten

Kahl gefressene Bäume und Sträucher, eingehüllt wie in Nebel oder ein Leichentuch, sind meist das Werk von sogenannten Gespinstmotten. Der Klimawandel macht ihnen aktuell das Leben leichter. Auch hier erholen sich die Bäume und Gehölze in der Regel wieder und treiben im Sommer neu aus. Gefährlich für den Menschen sind die Gespinstmotten nicht.

Ein Neuling, der in den letzten Jahren seinen großen Auftritt als ganz Böser hatte, ist der Eichenprozessionsspinner. Ein kleiner Falter, dessen Raupe sich mit Nesselhaaren gegen das Gefressenwerden schützt. Raupen haben da viele Strategien, Kohlweißling und Jakobskrautbär sammeln Gifte in sich an, die sie sehr unangenehm schmecken lassen; manche sind gut getarnt und manche sehen extra bedrohlich aus. Und manche haben eben Borsten und Haare.

Hatte man bis vor ein paar Jahren noch nichts von den Spinnern gehört, außer in Biologenkreisen, die sich mit der faszinierenden Lebensweise dieser seltenen Falterart befassten, ist er nun regelmäßig unterwegs, in den Medien präsent und in diesem Jahr hat er es bis zu meinem Wohnort geschafft. Wie in einer großen Polonaise laufen die Raupen die Bäume rauf und runter, haufenweise und flink, sodass die langen Haare wippen. Und genau diese Haare sind das Problem. Eichenprozessionsspinnerhaare enthalten Insektengift und deshalb gibt es das volle Insektenstichprogramm: Jucken, Brennen, Quaddeln oder Knötchen und Entzündungen vor allem, wenn man kratzt.

Meine Erfahrung: Vorher ist die Aufregung groß, denn weil manche Menschen auf Insektengift allergisch reagieren und manche Allergiker tatsächlich einen lebensgefährlichen allergischen Schock bekommen können, wurden irgendwann aus den Spinnerraupen die tödlichen Killerraupen. Wer dann die Raupen gesehen hat und von ihren Härchen erwischt worden ist, hatte Stiche und Juckreiz, der bis zu zwei Wochen anhalten kann, und das über ein paar Wochen immer wieder. Die juckenden Stellen lassen sich wie andere Insektenstiche nach Gusto und Leidensgrenze mit Hausmitteln behandeln oder mit speziellen Salben. Und wenn zusätzlich andere Krankheitssymptome wie Schwindel, Fieber, Husten, Entzündungen auftreten, würde man zur Arztpraxis gehen. Meistens aber ist das alles kein Drama, nur sehr, sehr, nervig. Vorbeugend gewöhnt man sich deshalb an, Eichen zu meiden, lange Kleidung zu tragen und nach einer Runde im Wald oder im Park zu duschen und sich umzuziehen. Auf die Idee, die Raupen und Nester anzufassen, kommt eh kaum einer, wie bei anderen lästigen und potenziell schmerzhaften Tieren und Pflanzen hält man einfach am besten Abstand.

Hallo, jetzt rede ich: der Eichenprozessionsspinner

Jedes Jahr im Frühsommer, wenn wir unsere Nester in die Eichen spinnen, in die wir uns dann regelmäßig zurückziehen, um uns zu häuten und zu verpuppen, und von da aus Gespinstbahnen den Baum hochziehen, wie Straßen, auf denen wir dann im Gänsemarsch zum Fressen zu den Blättern marschieren, scheint Ihr Menschen zur selben Zeit Ähnliches im Sinn zu haben. Rotweißes Flatterband wird um die Bäume gespannt, Ihr versammelt Euch und schaut hoch zu uns, tragt seltsame Schutzanzüge und manchmal fliegen dann auch noch Hubschrauber über die Eichen. Mittlerweile wissen wir, warum Ihr es macht. Weil Ihr denkt, wir wären lebensgefährlich.

Das stimmt nicht. Aber es hat sich irgendwie verselbständigt. Klar, dass wir diese Haare haben, das stimmt. Und dass sie nicht nur Fressfeinde ekeln, sondern auch einfach so abbrechen und mit dem Wind zu Euch fliegen und sich in Eure Haut piksen, das auch.

Am liebsten mögen wir Eichen, das sagt ja schon der Name, und am allerliebsten einzeln stehende Bäume oder solche am Waldrand, aber auch Hainbuchen. Besonders wo es warm ist, aber es wird ja immer wärmer, und wo viel Licht ist auch, dann erkennen wir die Bäume besser. Prinzipiell schade, dass es immer weniger Vögel und Insekten gibt, aber für uns ist das ja gut: Je weniger Wanzen, Schlupfwespen, Raupenfliegen, Käfer und Vögel wie Kuckuck oder Pirol es gibt, desto weniger können sie uns fressen. Das machen sie nämlich wirklich, vor allem wenn wir noch klein und flauschig und noch nicht giftig sind. Also, wenn Ihr jetzt mit Hubschraubern über den Eichen Chemie verteilt, um uns zu töten, oder im Herbst das ganze Laub verbrennt, damit keine Eier und keine Haare überwintern, tötet Ihr auch eine Menge unser natürlichen Feinde.

Aber jetzt tschüss, ich muss aufpassen, dass ich den Anschluss nicht verpasse, immer schön der Reihe nach, und den Vordermann nicht verliere. Einer Eurer Forscher hat mal die erste Raupe einer unserer Prozessionen mit der letzten zusammengebunden. Passiert ist, was er sich gedacht hat: Wir sind

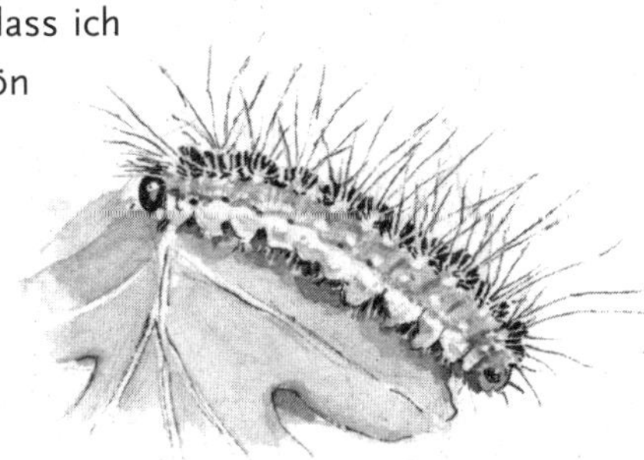

stunden- und tagelang im Kreis marschiert und natürlich verhungert. Und dabei wollen wir doch eigentlich nur fressen. Aber keine Sorge, auch den Eichen schaden wir langfristig nicht. Wenn wir ganz viele sind, können wir einen Baum zwar tatsächlich ziemlich kahl fressen, aber im Juni werden dann die Bäume wieder grün. Im Juli verpuppen wir uns und wenn wir dann als kleine wollige, graubraunen Falter wieder auftauchen, legen wir Eier in die Eiche. Bis dahin ist der Baum längst wieder ausgetrieben.

Es gibt ein Wort dafür: Johannitrieb. Benannt nach dem Tag des heiligen Johannes Ende Juni. Klingt altmodisch, oder? Heiligentage kennt ja heute kaum einer mehr, statt Johanni feiert Ihr zum Sommeranfang Midsommar im Möbelhaus. Aber: Dass es für dieses Phänomen einen so altmodischen Namen gibt – der übrigens nicht nur für Eichen, sondern für alle Baumarten gilt –, zeigt doch, dass es solche Phänomene schon immer gab. Und noch immer gibt es Eichen. Scheint also irgendwie doch noch zu funktionieren, das Zusammenleben von blätterfressenden und blättertragenden Lebewesen.

Ich gebe es zu: So leicht es mir fiel, wertschätzend, angstfrei, faktenorientiert und friedlich über Maulwürfe und Mäuse zu schreiben oder über Löwenzahn und Moos, so wenig sicher war ich mir, ob es mir auch bei Ratten und Zecken gelingen würde. Aber: Im Laufe der Recherche und der Arbeit habe ich viel gelernt, und auf einmal ging es doch. Beim Eichenprozessionsspinner, der für mich wirklich neu war, habe ich zudem erlebt, dass sich diese Einstellung auch in der Praxis bewähren konnte.

Ein schöne Erfahrung, die bestätigt, dass es sich lohnt, das Wissen in anderes Handeln umzusetzen: Vernichtung und Unterwerfung führen nicht zum Frieden, sondern maximal zu einer Kampfpause oder einem Waffenstillstand. Die Erkenntnis, dass alles und alle ihre Daseinsberechtigung haben und wir alle voneinander abhängen, hilft mir in meinem Gartenalltag. Und das sorgt dann für wirklichen Frieden, der sich nach Ruhe und nach Freiheit anfühlt und auch nach Gemeinschaft.

Resümee

Wir schauen zurück auf zehn typische Konflikte, die es zwischen uns Gärtnernden und unseren Mitbewohnern, Pflanzen und tierischen Besuchern, gibt – und nach vorne in eine friedliche Gartenzukunft

Jetzt sind wir am Ende von zehn typischen Konflikten und ein paar Dutzend Selbstporträts von besonders häufig oder heftig in Konflikte verwickelten Gartenbewohnern und -besuchern.

Vielleicht haben Sie mit manchem, wenn nicht Freundschaft, dann Frieden schließen können oder es besteht zumindest die Hoffnung darauf. Und können es vielleicht auch mit vielen anderen, die hier in diesem Buch nicht persönlich vorgestellt wurden. Die guten Seiten kennen und die schlechten Seiten nehmen können – und wissen, wie man herausfindet, wie das jeweils geht.

Zum Beispiel kann man die Natur lieben und sie lassen, statt sie nur zu nutzen. Den Garten leben lassen, statt alles Störende beseitigen, sobald die lebendige Natur in ihm erwacht. Genießen und beobachten, statt zu gestalten. Im Falle eines Konflikts das Wirksame und nicht verheerend Nutzloses tun. Unser Leben hüten, statt das der anderen zu vernichten.

Das ist besonders wichtig, seit wir Menschen immer mehr werden. Als es nur wenige von uns gab, dürfte die Natur es leichter ausgeglichen haben, wenn ein Mensch achtlos einen Käfer zertrat. Machen das acht Milliarden Menschen, ist es schlicht schwierig mit der Nachproduktion. Und deswegen glaube ich, ist es heute wichtig, dass wir sehr, sehr umsichtig mit allem umgehen. Einfach weil wir so viele sind. Weil wir so scharfe Waffen haben. Und weil wir als Krone der Schöpfung, als Meisterstück der Evolution, unseren besonderen Verstand haben, den wir zum Wohle aller einsetzen sollten. Verantwortungsvoll.

Also: Geduld statt Gewalt. Zeit und die Muße, auf die Marienkäfer zu warten, die dann die Rosen vor den Läusen retten, statt Aktionismus.

Der Drang, immer alles im Blick und alles im Griff haben zu müssen, und auch die Angst, die Kontrolle zu verlieren, sind anstrengend. Generell braucht es aber Mut, die alten Glaubenssätze vom Kontrollieren und Eindämmen, Vernichten und Regulieren zu verabschieden. Wer es trotzdem wagt, wird reich belohnt.

Dieser Blick aufs Gärtnern verändert das Handeln und damit verändert sich der Garten. Dauerhafte Schädlings- und Unkrautbekämpfung ist ein Krieg mit Kollateralschäden, der Zeit, Geld und Energie kostet und den wir nicht gewinnen können. Ein Teufelskreis. Wer friedlich gärtnert, erlebt das Gegenteil, einen Engelskreis, wenn es das gibt. Positives erzeugt Positives und noch mehr Positives. Und umso näher kommt unser Garten dem Paradies.

Vielleicht nicht so wie bei Adam und Eva, sondern eher wie bei Noah auf der Arche. Ein friedlicher Gärtner muss ja kein naiver Everybody's Darling sein, der alle einfach alles machen lässt. Sondern ein umsichtiger Verwalter, der in seinem Garten bemüht ist, Frieden zu organisieren, zum Vorteil möglichst vieler Lebewesen. Wo es zu Konflikten kommt, regelt er diese, zum geringstmöglichen Nachteil aller. Sich eingeschlossen.

Wem das zu biblisch ist: Auch der aufgeklärte, humanistische kategorische Imperativ ließe sich auf den Garten gemünzt formulieren.

Wer so gärtnert, lässt möglichst andere für sich arbeiten und die vielen Beziehungen der Lebewesen untereinander spielen. Gute Beziehungen sind wichtig, schützen vor Stress, stärken das Immunsystem, machen glücklich. Eingebunden zu sein in der Natur und einen Garten voller Freunde zu haben, auch. Friedliches Gärtnern bedeutet also vor allem: Frieden für die Gärtnerin und den Gärtner.

Das Heuschreckenvolksfest in den Alpen

Im Lungau in Österreich gibt es ein jährliches Volksfest, das der Überlieferung zufolge auf eine Heuschreckenplage zurückgeht, bei der die gesamten Wiesen und Feldfrüchte abgefressen wurden – nur die Margeriten hatten die Heuschrecken verschmäht und stehengelassen. Die Margeriten bilden dann auch den Mittelpunkt der Feiern: In ihrer Not haben die Menschen damals vor Gott gelobt, jedes Jahr Blumenstangen voller Margeritenblüten zu binden, in der Hoffnung, dann nie wieder von einer solchen Katastrophe betroffen zu sein. Meterhohe Holzstangen werden mit Girlanden aus Wiesenmargeriten und anderen frischen Alm- und Wiesenblumen umwunden. Bis zu 50 000 einzelne Blüten. Die jungen Männer müssen diese bis zu 85 Kilo schweren Stangen am Festtag dann durch den Ort tragen. Dass gerade die Margeriten in Übersee bekämpfte Neophyten sind, wie hier bei uns die Kanadische Goldrute und das Indische Springkraut, kann man sich dort kaum vorstellen, und es zeigt einmal mehr, wie robuste Eigenschaften mal Segen, mal Schaden sein können.

Die Autorin

Sigrid Tinz ist freie Journalistin, Autorin und Referentin für Umwelt-, Natur- und Gartenthemen. Die Geoökologin lebt mit ihren vier Kindern und Schäferhündin Mary im Münsterland. Ihre liebste Freizeitbeschäftigung: der kleine Familiengarten mit »wilden Ecken« und Lebensräumen für Gartenvögel, Igel, Wildbienen, Ameisen und Co., in dem sich friedlich gärtnern lässt.

Glossar

Ein paar gängige Begriffe, von denen wir die meisten wegen unserer friedlichen Absichten im Buch möglichst wenig verwendet haben

Adventivpflanze

Der Begriff leitet sich ab von »adventiv« und bedeutet Ankömmling. Das Wort steckt auch in Advent. Gemeint sind damit Pflanzen, die dort leben, wo sie vorher nicht gelebt haben.

Man unterscheidet zwischen Ephemerophyten, Archäophyten und Neophyten.

Archäophyten sind schon sehr lange da, in prähistorischer Zeit etwa bis zum Mittelalter. Ephemerophyten sind so was wie Besucher, sie kommen mit dem Warenverkehr und wachsen dann kleinräumig und kurzfristig an Häfen, Bahnhöfen, Flughäfen und anderen Güter- und Menschenumschlagsflächen. Neophyten sind alle Arten, die nach Kolumbus nach Europa kamen und nun dauerhaft hier leben.

Invasive Arten

Es gibt Pflanzen- und Tierarten, die sich aus ihrem momentanen Verbreitungsgebiet herauswagen und auch woanders sesshaft werden. Bei vielen fällt das kaum auf, aber immer mal wieder gibt es welche, die sich in ihrer neuen Bleibe so wohlfühlen, dass sie sich schnell und weit verbreiten, siehe auch Neobiota. Einige wenige davon werden als Problem angesehen, weil sie gesundheitsschädlich sind, wirtschaftlichen Schaden anrichten oder drastisch die Natur- und Kulturlandschaft verändern, die wir kennen und die für uns Heimat ist, und weil sie oft ohne natürliche Feinde kommen, sehr durchsetzungsstark sind, auch gegen heimische Arten. Dann werden sie als invasive Neophyten bzw invasive Neozoen bezeichnet.

Lästling

Tiere, die keinen Schaden im eigentlichen Sinne verursachen oder nicht die menschliche Gesundheit gefährden, aber uns Menschen doch irgendwie stören: wegen ihres Aussehens, ihrer Anwesenheit, den Geräuschen, die sie machen, oder weil sie schmutzen oder stinken. Typische Lästlinge sind Kellerasseln, Silberfischchen, Fruchtfliegen, Spinnen, Heimchen und andere Zirper.

Lebendes Fossil

Der Begriff ist ein Paradox, weil Fossilien tot sind. Erfunden hat den Begriff Charles Darwin, um damit das Besondere an diesen so bezeichneten Lebewesen klar zu machen: Ihre Vorfahren waren Zeitgenossen von vielen Tieren und Pflanzen, die heute ausgestorben und damit fossil sind. Und ihre Nachfahren haben sich in Aussehen, Aufbau und Lebensweise seit dieser Zeit nicht sonderlich verändert, sodass sie eben noch wie damals, also quasi fossil und gleichzeitig lebendig sind.

Neobiota

Überbegriff für Neophyten und Neozoen. Eingeschlossen sind damit auch die Pilze, die zwar Lebewesen, aber keine Tiere und auch keine Pflanzen sind.

Neophyt

Das Wort ist eine Neubildung aus dem Griechischen *neo* = neu und *phyton* = Pflanze. Neu sind die Pflanzen aber nicht wirklich, nur in der Gegend, wo sie wachsen, sind sie neu aufgetaucht und geblieben. Woanders sind sie seit ewigen Zeiten heimisch und bekannt (siehe dazu auch Adventivpflanzen).

Neozoon

Dieses Wort ist das tierische Pendant zum Neophyt. Es bezeichnet Tierarten, die neu und dauerhaft in einer Gegend leben – und das seit der Zeit von Kolumbus.

Nützling

So bezeichnen wir Menschen Tiere, die wir in irgendeiner Weise nützlich für uns finden. Meist sind damit Insekten oder andere kleine Krabbler und Kriecher gemeint. Biologisch ist diese Bezeichnung nicht sehr trennscharf, weil Schaden und Nutzen ausschließlich aus Sicht der Menschen definiert werden, und diese sind je nach Situation anders: Asiatische Marienkäfer zum Beispiel galten oder gelten als Nützlinge, weil sie so viele Blattläuse fressen. Und dann jetzt als Schädlinge, weil sie sich so stark vermehren und mittlerweile mehr sind als heimische Marienkäfer.

Ökologisches Gleichgewicht

Gleichgewicht ist eigentlich irreführend, denn das Gleichgewicht ist vielmehr ein dynamisches System und ständig in Bewegung und Veränderung. Auch ganz kleinräumig, im Garten, im Beet, ist nur alles im Gleichgewicht, wenn es dynamisch bleibt und alles in Bewegung. Allein schon durch die Jahreszeiten und auf die gesamte Biosphäre bezogen, ist es immer irgendwo und irgendwie im Gleichgewicht. Auch als die Erde noch wüst und leer war, war das ein Gleichgewicht. Aber wir Menschen meinen damit natürlich, dass die Dynamik so im Gleichgewicht bleibt, dass unser menschliches Leben möglich ist.

Parasiten
Parasiten oder Schmarotzer sind im Alltagssprachgebrauch Schimpfwörter und die damit assoziierte Bedeutung im biologischen Sinne eigentlich nicht so passend. Hier meint man damit ein Lebewesen, das sich auf dem oder im Organismus eines anderen von und mit diesem ernährt. Anders als bei einer Symbiose, die beiden Seiten einigermaßen gleich verteilt Vorteile bringt, nutzt hier der Parasit seinen Wirt deutlich mehr aus. Häufig kommt der Wirt auch zu Schaden: Die Haut wird verletzt, Gewebe zerstört, giftige Stoffwechselprodukte machen ihn krank. Langfristig ist es aber kein reiner Nachteil für die gesamte Spezies der Wirte. Durch das Leiden der einzelnen wird zum Beispiel das Immunsystem der gesamten Art immer besser und komplexer.

Pestizid
Pestizid ist der Oberbegriff für Substanzen, mit denen wir Menschen als lästig oder schädlich angesehene Lebewesen töten, vertreiben oder verhindern, dass sie keimen, wachsen oder sich vermehren. Fungizide wirken speziell auf Pilze, Insektizide auf Insekten, Herbizide auf Pflanzen.

Schädling
Schädling ist ein Begriff, den der Mensch für Tiere anwendet, die aus seiner Sicht Schäden verursachen: Schmutz, Ernteausfälle, Schäden an Vorräten, Gesundheit, Bauwerken. Es gibt viele Kategorien: Hygieneschädling, Gesundheitsschädling oder Vorratsschädling. Schädling ist kein schönes Wort, aber ein amtliches: Für manche Schädlinge gibt es eine behördliche Meldepflicht, für andere oder besser gesagt für die angerichteten Schäden möglicherweise Entschädigungsgelder.

Ungeziefer
Als Ungeziefer bezeichnet man im Allgemeinen kleinere Tiere, die unerwünscht sind. Hierbei wird der Begriff häufig als Synonym für Schädlinge oder solche Tiere, die dem Menschen lästig erscheinen (siehe Lästling), benutzt. Allerdings ist das nicht ganz trennscharf: Kaninchen und Maulwürfe würden manche sicherlich als Schädling oder Lästling bezeichnen, aber nicht als Ungeziefer.

Unkraut
Als Unkraut bezeichnet man Pflanzen, die von sich aus ungeplant und unerwünscht zwischen Kulturpflanzen wachsen. Nicht nur kleine unscheinbare wilde Kräuter sind damit gemeint, sondern auch schöne Blühpflanzen oder große stattliche Stauden. Je nachdem, wo sie wachsen und wen die Gärtnernden dort eigentlich wachsen haben wollten. Ist es im Blumengarten eher ein optisches Problem, ist das in der Landwirtschaft und im Gemüsegartenbau anders: Ein Feld oder Beet voller Unkraut kann den Nutzpflanzen durchaus Nährstoffe entziehen, Licht und Platz wegnehmen und so die Ernte mindern. Und sie erschweren die

Ernte: Muss man doch sein Angebautes im Pflanzendickicht erst mal finden. Ist der zusätzliche Bewuchs giftig, ist es umso wichtiger.

Vergrämung

Vergrämen ist besser als Vernichten. Töten will man nicht, aber loswerden schon, also ist man unfreundlich zu unerwünschten Tieren. Umweltneutral, also ohne Gift, und ohne dass Blut fließt, sondern mit Warnschüssen, stinkenden Substanzen und Wegjagen. Klassiker ist die Vogelscheuche, aber oft funktioniert all das nur kurzfristig, weil viele Tiere lernfähig sind und schnell merken, dass es nicht wirklich ernst gemeint ist.

Vektor

Vektoren sind in der Sprache der Biologen ganz allgemein Überträger von Krankheiten, oft sind es stechende, beißende Tiere: Mücken, Flöhe, Läuse. Denn in Körperflüssigkeiten lebt es sich als Krankheitserreger besonders gut – und via Biss oder Stich kann man auch recht einfach von einem Organismus auf den anderen wechseln. Die Mücke nimmt den Malariaerreger bei einer Blutmahlzeit auf und gibt ihn irgendwann weiter. Dazwischen entwickelt sich der Erreger im Vektor-Tier, wandelt oder vermehrt sich. Das Tier selbst wird nicht krank. Das geht aber nicht wahllos, sondern Erreger und Vektoren und auch die Empfänger sind aufeinander eingespielt, der Erreger muss mit dem jeweiligen Immunsystem klarkommen und eben auch ganz praktisch durch die Saug-Stech-Rüssel passen. Auch in Exkrementen finden sich viele Erreger in verschiedenen Stadien. In diesem weiteren Sinne sind also auch Säugetiere und Vögel Krankheitsvektoren.

Liste der Bösewichte und Plagen

Eine Vielzahl von Pflanzen- und Tierarten, aber auch Pilze, Algen und Flechten haben sich in diesem Buch zu Wort gemeldet. Falls Sie gezielt noch einmal nachlesen möchten, was sie uns zu sagen haben und wie wir am besten mit ihnen umgehen können, hier noch mal ein Überblick:

Pflanzen

Ackerschachtelhalm 74
Ambrosia 88
Brennnessel 80
Distel 82
Drüsiges Springkraut 69
Giersch 72
Löwenzahn 77
Quecke 75
Riesen-Bärenklau 85

Tiere

Ameise 103
Asiatischer Marienkäfer 63
Blattlaus 107
Buchsbaumzünsler 29
Deutsche Wespe 142
Eichenprozessionsspinner 145
Elster 45
Feuerwanze 106
Gemeine Wegschnecke 31
Goldfliegenmade 125
Grasmilbe 98
Hausmaus 23
Hornisse 123
Kaninchen 33
Kastanienminiermotte 60
Kirschessigfliege 58
Kohlweißling 26
Maikäfer-Engerling 127
Marder 48
Maulwurf 40
Stadttaube 136
Stechmücke 92
Vogelfloh 95
Wanderratte 132
Waschbär 52
Wildschwein 50
Wühlmaus 42
Zecke 139

Algen, Pilze und Moose

Alge 110
Flechte 113
Mehltau 115
Moos 117

Zum Weiterlesen

Emanuele Coccia: **Die Wurzeln der Welt.**
Eine Philosophie der Pflanzen, Carl Hanser Verlag

Werner David: **Von Fallenstellern und Liebesschwindlern.**
Begegnungen im Naturgarten, pala-verlag

Dave Goulson: **Wildlife Gardening.**
Die Kunst, im eigenen Garten die Welt zu retten, Carl Hanser Verlag

Andreas Hoppe: **Die Hoffnung und der Wolf.** Frederking & Thaler Verlag

Andreas Jaun: **In der Stadt.**
Natur erleben – beobachten – verstehen, Haupt Verlag

Fred Pearce: **Die neuen Wilden.** Wie es mit fremden Tieren und Pflanzen gelingt, die Natur zu retten, oekom Verlag

Klaus Richarz: **Vögel in der Stadt.** In enger Nachbarschaft mit Mauerseglern, Spatzen, Falken und vielen anderen Vogelarten, pala-verlag

Blanka Stolz: **Die Philosophie des Gärtnerns.** Mairisch Verlag.

Michael Stocker und Sebastian Meyer: **Wildtiere.**
Hausfreunde und Störenfriede, Haupt Verlag

Sigrid Tinz: **Haufenweise Lebensräume.** Ein Lob der Unordnung im Garten. Naturschutzprojekte, Artenvielfalt, Gestaltung, pala-verlag

Sigrid Tinz: **Selbst ist die Pflanze.** Einfach gärtnern.
Wie Samen sich verbreiten und den Garten gestalten, pala-verlag

Peter Wohlleben: **Die Gefühle der Tiere.**
Von glücklichen Hühnern, liebenden Ziegen und träumenden Hunden.
Ein Plädoyer für Respekt und Achtsamkeit, pala-verlag

Brigitte Kleinod:
Rückenfreundlich gärtnern
ISBN: 978-3-89566-382-6

Sigrid Tinz:
Selbst ist die Pflanze
ISBN: 978-3-89566-372-7

Brigitte Kleinod, Friedhelm Strickler:
Schön wild!
ISBN: 978-3-89566-367-3

Ulrike Aufderheide:
Der sanfte Schnitt
ISBN: 978-3-89566-320-8

Uwe Westphal:
Das große Buch der Gartenvögel
ISBN: 978-3-89566-375-8

Sigrid Tinz:
Haufenweise Lebensräume
ISBN: 978-3-89566-389-5

Werner David:
Fertig zum Einzug:
Nisthilfen für Wildbienen
ISBN: 978-3-89566-358-1

Ulrike Aufderheide:
Tiere pflanzen
ISBN: 978-3-89566-388-8

Michael Altmoos:
Der Moosgarten
ISBN: 978-3-89566-387-1

Dirk A. Diehl:
Ein Garten für Fledermäuse
ISBN: 978-3-89566-311-6

Peter Wohlleben:
Kranichflug und Blumenuhr
ISBN: 978-3-89566-384-0

Irmela Erckenbrecht und Rainer Lutter:
Der Spielgarten
ISBN: 978-3-89566-313-0

Andrea Preißler-Abou El Fadil:
Gärtnern nach dem Terra-Preta-Prinzip
ISBN: 978-3-89566-376-5

Natalie Faßmann:
Auf gute Nachbarschaft
ISBN: 978-3-89566-257-7

Agnes Pahler:
Das Kompostbuch
ISBN: 978-3-89566-315-4

Irmela Erckenbrecht:
Die Kräuterspirale
ISBN: 978-3-89566-290-4

ISBN: 978-3-89566-393-2

Rheinstraße 35, 64283 Darmstadt
www.pala-verlag.de

Umschlag- und Innenillustrationen: Margret Schneevoigt

Lektorat: Barbara Reis

Satz und Gestaltung: Die Werkstatt-Medien Produktion GmbH, Göttingen

Druck: Druckhaus Nomos, Sinzheim
www.nomos-druck.de
Printed in Germany

Gedruckt auf
100% Recyclingpapier